AF751937

DROITS DE L'HOMME
OU RAISON D'ÉTAT ?

La longue marche de la démocratie africaine

COLLECTION « POINTS DE VUE »

Une collection s'intéressant à des sujets d'actualité concernant l'Afrique.

Dernières parutions

Alphonse Benza, L'eau en République Démocratique du Congo, Les paradoxes d'une ressource très convoitée, La théorie hydro-janussienne et la commission internationale du bassin du Congo-Oubangui-Sangha, 2025.

Abdourahman BARKAT GOD, *Une femme djiboutienne et somalie. Caractéristiques et sacrifices*, 2025.

Benjamin ZE NGONG, Cameroun, les silences de la vertu, *Réflexion sur l'effondrement des valeurs dans une société en perte de repères,* 2024.

Benjamin ZE NGONG, *L'impératif d'une inflexion politique au Cameroun. Pour l'instauration d'un régime parlementaire et la suppression de la fonction de président de la République*, 2025.

Adrien POUSSOU, *Faustin Archange Touadera, l'homme qui abima son pays, La destruction de la République centrafricaine sous une présidence toxique*, 2025.

Aboubakar OUATTARA, *Prospective géopolitique française en Afrique noire francophone postindépendance*, 2025.

Jules Noël TCHANKIO, *L'avenir linguistique de l'Afrique. Le rôle crucial de la responsabilité parentale*, 2025.

Jean-Pierre ESTIVAL, *Crépuscule de l'influence française en Afrique*, 2025.

Jean-Louis M'BADINGA, *Jean Ping et la résistance de la diaspora gabonaise, Le combat d'une vie*, 2025.

Issa DIALLO, Lamine SANDY, Issa OUATTARA (dir.), *Mélanges en l'honneur du professeur Ahmadou Abdoulaye Dicko*, 2025.

Antoine NGUTE NOVATO, *Et si la démocratie n'était pas le lot des Africains ?*, 2025.

Martin Kuengienda

DROITS DE L'HOMME OU RAISON D'ÉTAT ?

La longue marche de la démocratie africaine

© L'Harmattan, 2025
5-7, rue de l'École-Polytechnique - 75005 Paris
www.editions-harmattan.fr

ISBN : 978-2-336-53727-6
EAN : 9782336537276

Droits de l'homme ou raison d'Etat ?
La longue marche de la démocratie africaine

Avant-propos

La charte du Manden est l'ancêtre de droit de l'homme, elle considère par les Mandenkas (peuples qui ont en commun la langue mandingue) comme l'une des plus anciennes références concernant les droits fondamentaux.

Contenu de la Charte

Après un préambule « à l'adresse des douze parties du Monde et au nom du Mandé tout entier », la charte mentionne sept paroles, qui sont autant d'entêtes d'articles de la charte :

1°) « Une vie est une vie » ; « Une vie n'est pas plus ancienne ni plus respectable qu'une autre vie, de même qu'une autre vie n'est pas supérieure à une autre vie » ;
2°) « Que nul ne s'en prenne gratuitement à son voisin, que nul ne cause du tort à son prochain, que nul ne martyrise son semblable » ;
3°) « Le tort demande réparation » ;
4°) « Pratique l'entraide » ;
5°) « Veille sur la patrie » ;
6°) « La faim n'est pas une bonne chose, l'esclavage n'est pas non plus une bonne chose » ;
7°) « La guerre ne détruira plus jamais de village pour y prélever des esclaves ; c'est dire que nul ne placera désormais le mors dans la bouche de son semblable pour aller le vendre ; personne ne sera

non plus battu au Mandé, a fortiori mis à mort, parce qu'il est fils d'esclave » ;
8°) « Chacun est libre de ses actes, dans le respect des interdits des lois de sa patrie ».

Selon les transcripteurs de la charte du Manden, l'abolition de l'esclavage fut une œuvre maîtresse de Soundiata Keïta et de l'empire du Mali.

Importance de la Charte

On trouverait dans cette charte, les notions de respect de la vie humaine, de droit à la vie, de sécurité alimentaire, de paix sociale dans la diversité, les principes d'égalité et de non-discrimination, de liberté individuelle, de liberté d'expression, de justice, d'équité et de solidarité. Sa reconnaissance par l'UNESCO qui l'a inscrite en 2009 sur la liste du patrimoine culturel immatériel assoit sa valeur juridique et sa portée universelle. Cependant, cette charte reste contestée.

Débats :
La charte du Manden fait l'objet d'un intérêt marqué en Afrique de l'Ouest et en particulier au Mali.

Son ancienneté prétendue en fait un argument localement fort pour lutter contre l'esclavage. Elle « parle aussi du Mali médiéval, de la domination des Mandingues sur les autres communautés ».

D'un point de vue historique, elle soulève de nombreuses questions, à commencer par celle de la fiabilité des sources orales, de leur reconstruction et de leur réinterprétation durant l'histoire. De ce point de vue, que pensons-nous de la raison d'Etat ?

Première partie
L'idée de raison d'Etat ou souveraineté

Chapitre I
La raison d'Etat en question

D'une manière générale, elle est invoquée lorsqu'il apparaît nécessaire de sacrifier les droits d'une personne pour sauvegarder l'intérêt de l'État, compris comme un moyen d'assurer la sécurité du groupe.

I. Les interrogations

La notion de raison d'État suscite des interrogations diverses : si certains y voient une justification du pouvoir despotique, d'autres pointent au contraire la nécessité de choisir le moindre mal, quitte à faire plier, sous des circonstances exceptionnelles, certains principes de droit devant la défense des intérêts supérieurs de la cité.

L'ambiguïté qui entoure l'idée de la raison d'État n'est pas nouvelle. L'expression s'est généralisée à la Renaissance, et fut développée par de nombreux auteurs comme Machiavel.

II. L'idée de raison d'État

Elle ne saurait donc se limiter à une simple théorie de l'État, et doit être entendue comme une forme particulière de hiérarchisation des valeurs, où l'intérêt de l'État prend le pas sur celui de l'individu, autrement dit où le tout prime la partie.

Elle s'oppose notamment au principe d'État de droit, une théorie et pratique juridique adoptées dans la plupart des démocraties libérales, qui consiste à subordonner le pouvoir politique au droit, afin de garantir les libertés fondamentales des individus.

La raison d'État est le principe politique en vertu duquel l'intérêt de l'État, conçu comme une préoccupation supérieure émanant de l'intérêt général, peut nécessiter de déroger à certaines règles juridiques ou morales, notamment dans des circonstances exceptionnelles.

Donnant lieu à des pratiques très variées, cette notion se rattache en particulier à celle de souveraineté nationale, en ce que sa finalité principale est d'assurer la conservation et la pérennité de l'État.

En Afrique et partant en Afrique noire francophone (le Cameroun, le Tchad, la RCA, la RDC, le Gabon, le Congo, le Bénin, le Togo, le Sénégal, le Burkina Faso, le Mali...), la conception de la souveraineté est vue non seulement comme inflexible et rigide, mais aussi elle est perçue comme moins dynamique. Cette conception part de la Charte de l'OUA du 25 mai 1963 telle que voulue par les États africains eux-mêmes.

III. Universalité des droits de l'homme

Fondamentalement, la mouvance universaliste des Droits de l'Homme dépend de la conception que les États se font de la « souveraineté ». Plus la souveraineté est conçue comme une notion inflexible, moins les Droits de l'Homme ont la chance de parvenir à une réelle universalité. Plus la souveraineté est pensée comme souple et perméable, plus la mouvance universaliste aurait du succès.

1. Les principes et les objectifs qui y sont consacrés réconfortent les droits des États au détriment des Droits de l'Homme. Ce qui, de fait, hypothèque la mouvance universaliste desdits droits.

2. Y'a – t – il un droit de l'homme en Afrique ?

La Charte africaine est un document relatif aux droits de l'homme composé de 68 articles répartis en quatre sections : ***les droits de l'homme et des peuples ; les devoirs ; la procédure de la Commission ; et les principes applicables.***

Elle fusionne les trois groupes de droits, à savoir les droits civils et politiques, les droits économiques, sociaux et culturels et les droits des groupes et des peuples. Elle impose des obligations aux membres individuels de chaque société africaine et relie les idées de droits de l'homme, de droits des peuples et de devoirs des individus.

3.Commission africaine des droits de l'homme.
L'organe chargé d'interpréter la Charte et d'enquêter sur les plaintes individuelles est la **Commission africaine des droits de l'homme et des peuples** (CADHP). La CADHP a été créée sur la base de l'article 30 de la Charte et a été inaugurée en novembre 1987. La CADHP se réunit deux fois par an et son secrétariat est basé à Banjul (Gambie)

Distinction : - La raison d'État désigne en ce sens la séparation moderne entre la sphère de la morale, valide pour les actes individuels, et la sphère politique, valide pour les actes publics du gouvernement. Cette distinction apparaît avec le constat qu'agir moralement, en politique, pourrait conduire à des effets néfastes.

4. La place de morale :
Tout le problème consiste donc en la place à accorder à la morale, analyse qui fait l'objet de l'étude *Le Savant et le politique* de Max Weber, au début du XXe siècle, par lequel celui-ci distingue deux concepts d'éthique, l'« éthique de conviction » et l'« éthique de responsabilité » : « Machiavel aurait inventé la raison d'État, sans la nommer, avec cette formule : "*Il faut donc qu'un prince qui veut se maintenir apprenne à ne pas être toujours bon, et en user bien ou mal, selon la nécessité*" »

Discussion : - La notion de raison d'État, souvent qualifiée de « machiavélienne », a suscité d'innombrables pamphlets protestataires de la part d'auteurs qui s'indignent du manque de moralité de l'État.

Ces dénonciations sont devenues si courantes qu'au XIXe siècle, Giuseppe Ferrari, dans son *Histoire de la raison d'État* (1860), pouvait parler de « 470 écrivains » traitant de ce thème.

Il introduisait ses propos en précisant que l'erreur consistait en voir dans les ouvrages exposant cette notion des préceptes pour le Prince, alors qu'en fait ils ne faisaient que décrire les « lois » inexorables de l'action politique : l'interprétation de Ferrari fait ainsi du discours sur la raison d'État l'ancêtre des sciences politiques en tant que discours descriptif et objectif du champ politique.

5. Droit et état de droit

- **Les droits de l'homme** sont des normes qui reconnaissent et protègent la dignité de tous les êtres humains. Ils régissent la façon dont nous vivons en société et les uns avec les autres, ainsi que la relation qui lie les individus aux gouvernements et les obligations des gouvernements envers eux.

- **La raison d'État** est classiquement opposée aux notions de droit et d'État de droit. Certains auteurs estiment néanmoins que l'antagonisme des notions de raison d'État et d'État de droit n'est qu'apparent. Cette thèse est suggérée par Carl Joachim Friedrich.

Plus récemment, Antonino Troianiello a développé l'idée que la notion de raison d'État s'est transformée au fil des époques au contact des idéologies dominantes. Ainsi, sous les auspices du constitutionnalisme libéral et de son projet politique, l'État de droit, on assisterait à une simple rationalisation de la raison d'État et non à sa disparition.

Cette rationalisation aurait été favorisée par l'épistémologie positiviste-orthodoxe dominant la science juridique contemporaine en liaison avec l'idéologie de l'État de droit. Un regard critique jeté sur le droit positif permettrait d'établir que, loin de se restreindre aux rubriques généralement évoquées des actes de gouvernement ou des circonstances exceptionnelles, la raison d'État subsisterait dans l'ordre juridique sous des formes aussi variées qu'inattendues.

Plus fondamentalement, le développement de la légitimité légale-rationnelle impliquerait une mutation de la raison d'État en rationalité d'État, qui vient s'adjoindre aux acceptions plus anciennes de la notion.

Chapitre II
Droits de l'homme en Afrique

La personne humaine est inviolable. Tout être humain a droit au respect de sa vie et à l'intégrité physique et morale de sa personne. Nul ne peut être privé arbitrairement de ce droit. Tout individu a droit au respect de la dignité inhérente à la personne humaine et à la reconnaissance de sa personnalité juridique.

Le système africain des droits humains est fondé sur la Charte africaine des droits de l'homme et des peuples, adoptée en 1981 par l'Organisation de l'unité africaine (OUA). Le système a fonctionné au sein de l'OUA (aujourd'hui Union Africaine UA) de sa création jusqu'en 2002.

I. La commission africaine des droits de l'homme (CADHP)

La CADHP est un organe quasi-judiciaire créé en vertu de l'article 30 de la Charte africaine. Elle est considérée comme le principal organe de surveillance des traités relatifs aux droits humains en Afrique et son mandat général est de « promouvoir les droits de l'homme et des peuples et d'assurer leur protection en Afrique ».

Ses fonctions spécifiques sont les suivantes : statuer sur les plaintes liées aux droits humains, examiner les rapports périodiques établis par les États, enquêter sur les allégations de violations des droits humains et formuler de nouvelles règles et normes. Toutes ces fonctions reposent sur le pouvoir de la CADHP d'interpréter et d'appliquer les traités régionaux relatifs aux droits humains et de suivre leur mise en œuvre par les États.

1. Théoriquement

Les fonctions essentielles de la CADHP relèvent soit de la « protection » (traitement des plaintes), soit de la « promotion » (examen des rapports des États et autres activités). Dans la pratique, il s'agit d'une distinction superficielle car ces deux volets du mandat de la CADHP se recoupent presque toujours. Les diverses activités de la CADHP aboutissent essentiellement à la formulation de recommandations.

Les États parties sont tenus de respecter et d'appliquer ces recommandations dans la mesure où elles se fondent sur une interprétation faisant autorité de la Charte africaine et des autres traités pertinents relatifs aux droits humains, qui sont eux-mêmes contraignants pour les États parties.

2. La cour africaine des droits de l'homme et des peuples (CAfDHP)

C'est l'organe judiciaire qui complète le mandat quasi-judiciaire de la CADHP. Elle est chargée spécifiquement de compléter la procédure de communication en vigueur à la CADHP. Elle prononce des jugements contraignants que les États parties sont tenus d'appliquer et dont ils doivent garantir l'exécution.

Ces décisions découlent de l'exercice de son mandat contentieux. Elles se distinguent sensiblement des avis non contraignants que la CAfDHP rend au titre de son mandat consultatif. Pour ces deux mandats, la principale référence normative est la Charte africaine, à laquelle s'ajoute, aux termes de **l'article 7 du Protocole sur la Cour africaine**, « tout autre instrument pertinent relatif aux droits de l'homme et ratifié par l'État concerné ».

3. Organisation

La CAfDHP se compose de 11 juges nommés par la Conférence de l'UA, qui siègent à titre personnel pour un mandat de six ans, renouvelable une fois. Les juges élisent deux de leurs pairs aux fonctions de président (e) et de vice-président (e) de la Cour. Le ou la président(e), siège de façon permanente et réside à Arusha (Tanzanie), où se trouve la Cour.

Seuls des « juristes jouissant d'une très haute autorité morale, d'une compétence et expérience juridique, judiciaire ou académique reconnue dans le domaine des droits de l'homme et des peuples » peuvent être nommés juges. Lors du processus de nomination, la Conférence de l'UA doit également respecter un équilibre régional et veiller à une représentation équitable des genres.

Les premiers juges de la CAfDHP ont été nommés en 2006 mais la Cour n'a rendu son premier jugement qu'en décembre 2009. Conformément à son Règlement intérieur, la CAfDHP tient quatre sessions ordinaires par an, qui durent chacune une quinzaine de jours. Jusqu'à présent, la plupart des sessions se sont déroulées au siège de la Cour, à Arusha.

4. Divers acteurs peuvent saisir la CAfDHP
La CADHP, les États parties en qualité de demandeur, de défendeur ou de partie intéressée, les organisations intergouvernementales africaines, les personnes physiques et les ONG. Cependant, les ONG n'y sont autorisées que si elles ont le statut d'observateur auprès de la CADHP.

En outre, les personnes physiques comme les ONG ne peuvent saisir la Cour directement que si l'État concerné a émis une déclaration en ce sens. Au 30 juin 2019, seuls neuf des 30 États parties au Protocole sur la Cour africaine l'avaient fait, à savoir le Bénin, le Burkina Faso, la Côte d'Ivoire, la Gambie, le Ghana, le Malawi, le Mali, la Tanzanie et la Tunisie.

5. Elaboration des normes
Les organes régionaux de protection des droits humains en Afrique ont toujours joué un rôle crucial dans le développement des règles et normes du système africain des droits humains.

La CADHP n'est pas seulement à l'origine de la formulation de nouveaux traités régionaux sur les droits humains, comme le Protocole relatif aux droits des personnes handicapées en Afrique et le Protocole relatif aux droits des personnes âgées, adoptés récemment, elle a également donné corps et apporté un contenu tangible aux dispositions de la Charte africaine en adoptant des instruments de droit non contraignant, notamment des observations générales, des directives, des principes et des résolutions .

De même, le CAEDBE a décomposé les dispositions de la Charte africaine des droits de l'enfant au moyen d'instruments de droit non contraignant. La CADHP et le CAEDBE ont poursuivi dans cette voie pendant la période examinée.

La principale avancée normative enregistrée pendant la période visée a été l'adoption, par la CADHP, du projet de protocole à la Charte africaine relatif à la protection et à la sécurité sociales. L'élaboration de ce protocole a été motivée par la nécessité de combler une lacune de la Charte africaine.

En effet, celle-ci ne comporte pas de disposition explicite sur le droit à la sécurité sociale. À la fin de la période considérée, le projet de protocole n'avait pas encore été examiné par les organes délibérants de l'UA compétents.

6. Observation générale

En janvier 2018, la CADHP et le CAEDBE ont publié leur toute première Observation générale conjointe, qui portait sur le mariage des enfants en Afrique, une atteinte aux droits humains qui persiste dans de nombreux pays africains.

Cette Observation générale conjointe décrit les mesures, notamment législatives et institutionnelles, que les États parties doivent prendre pour concrétiser l'interdiction du mariage des enfants et protéger les droits des enfants mariés ou risquant de l'être. Cette initiative novatrice a permis au problème du mariage des enfants de recevoir toute l'attention qu'il mérite.

Chapitre III
Droits de l'homme ou raison d'Etat ?

L'état de droit permet l'exercice concret des droits de l'homme qui ne sont plus alors un simple principe mais une réalité. L'état de droit a joué un rôle majeur dans l'intégration de droits économiques, sociaux et culturels dans les constitutions, législations et réglementations nationales.

Par ailleurs, pour aller plus loin, "**la raison d'État**" désigne un principe de gouvernance selon lequel l'État a le droit et l'obligation de prendre des décisions qui sont dans l'intérêt suprême du pays, même si ces décisions sont contraires à d'autres considérations, telles que les lois morales, religieuses, ou internationales.

I. La libération du continent africain

Pour ma part, l'indépendance politique est très certainement la condition nécessaire de l'existence même des Droits de l'Homme en ce sens que, là où elle n'existe pas, l'homme ne peut être libre puisqu'il lui est interdit de se libérer.

1. Recherche de la souveraineté[1]

Vers les années 50 et 60, les États parvenus nouvellement aux indépendances se montrent

---

([1])La souveraineté est le principe de l'autorité suprême. En matière de politique, la souveraineté est le droit absolu d'exercer une autorité (législative, judiciaire et/ou exécutive) sur une région, un pays ou sur un peuple.

soucieux des autres territoires africains non autonomes. L'un des défis qui furent imminents était celui de leur libération.

Autrement dit, s'affranchir de toute domination et assurer la souveraineté territoriale à l'État africain, tel a été la préoccupation majeure de l'OUA de l'époque, aujourd'hui l'UA.

2. Souveraineté ou raison d'Etat ?

Après la colonisation, le paysage politique du continent africain est composé d'États souverains et indépendants. Cependant, ces nouveaux États africains ont des spécificités dues à la superposition de structures institutionnelles de style européen (wébérien) à des systèmes d'organisation politique et économique préexistants. En effet, le colonialisme n'a pas totalement détruit les modèles politiques précoloniaux[2].

II. Héritage colonial et violence de l'Etat

Si l'Etat a le monopole de la violence. L'un des héritages du projet colonial européen est l'enracinement faible et parfois le manque de légitimité de certaines institutions politiques. Créées par des puissances coloniales, celles-ci se trouvent en manque de soutien populaire : les institutions

(2)De ce point de vue, défendre leur souveraineté, leur intégrité territoriale et leur indépendance ; Éliminer sous toutes ses formes le colonialisme de l'Afrique couplés du principe Non-ingérence dans les affaires intérieure des États, renseignent parfaitement sur l'idée du type de souveraineté que les fondateurs de l'OUA voulaient pour les États africains. Par conséquent, une souveraineté qui confère aux États africains la plénitude de leur pouvoir et de leur autorité.

dont ont hérité les dirigeants africains postcoloniaux étaient considérées comme étrangères pour la plupart des populations.

Dans ce contexte, certains dirigeants ont préféré prélever des ressources étatiques, afin de s'assurer, par clientélisme, le soutien d'une partie de la population.

La compétition pour le contrôle des institutions étatiques était parfois et même souvent violente. Cette conception patrimoniale de l'État a eu d'importantes conséquences nationales et internationales.

1. La problématique des Etats importés

La colonisation a d'abord abouti à déstabiliser les sociétés et ainsi à rendre plus compliquée la création des États-nations. En effet, et c'est souvent le cas des pays issus des empires coloniaux, un État peut être créé sans véritable base nationale.

C'est par exemple le cas de certains États d'Afrique du Nord et de la zone MENA[3], avec des frontières tracées « à la règle » comme en Libye. Comme on l'a vu pour l'Afrique subsaharienne, ces frontières ont été la source principale de conflits et de tensions, puisqu'elles ne tenaient pas compte de la diversité ethnique, religieuse et linguistique. Les populations voient leurs aspirations rejetées dans ces **« *États importés* » (Bertrand Badie)**.

([3]) « Middle East and North Africa », inclut le Moyen-Orient et l'Afrique du Nord. · MOAN : acronyme français « Moyen Orient et Afrique du Nord ».

2. Les limites du pouvoir de l'État

Aujourd'hui, à l'aune de cet ensemble d'organisations supranationales et internationales, le pouvoir de l'État est nécessairement limité. Il est limité à la fois par les engagements qu'il a initialement pris et par l'effet d'engrenage des pouvoirs et compétences des institutions créées.

3. Mais qu'est-ce que le pouvoir de l'État ?

Les trois pouvoirs définis par une Constitution sont **le pouvoir exécutif, le pouvoir législatif et le pouvoir judiciaire.** La Constitution organise leur rôle mais aussi les liens qu'ils entretiennent, notamment la manière dont ils se contrôlent les uns les autres. Quant au machiavélisme dans la sphère politique en Afrique :

III. Machiavélisme ou raison d'Etat ?

Selon Machiavel, la politique est distincte de la morale : une bonne politique est une politique efficace, et non nécessairement morale. Aucune norme ne doit entraver le but du prince (Machiavel écrit à l'attention de Laurent de Médicis), qui est d'établir et de conserver l'ordre au sein de l'État.

1. La pensée

L'homme, selon Machiavel, recherche toujours à conquérir le monde ; cette conquête constituerait le fondement de la société. Peu morale, cette conquête montre que l'homme n'est pas sociable par nature, car son seul but est d'avancer tout en se conservant (importance du désir de conservation).

2. Quelques citations de Machiavel :
1°) "Il faut estimer comme un bien le moindre mal." ...2°) "On fait la guerre quand on veut, on la termine quand on peut." ... 3°) "Les hommes oublient plus facilement la mort de leur père que la perte de leur patrimoine."

3. Quelle est la thèse de Machiavel dans « Le Prince » ?
Machiavel y avance l'idée que le prince doit avoir l'air humain, mais aussi se montrer inhumain si nécessaire. Il place ainsi la raison d'État au-dessus de la religion et de la morale. Cette idée que le bien de l'État l'emporte sur les autres valeurs reflète l'expression de l'esprit national italien de la Renaissance.

4. Le nationalisme de Machiavel
L'auteur visait à unifier efficacement les nations contre les menaces extérieures et à les vaincre, à rester compétitif face aux autres nations et à tirer parti de toutes les possibilités. Cela ressemble à ce que les spécialistes des relations internationales identifient comme une approche réaliste.

IV. La méfiance de Machiavel et l'empathie de Rousseau

Machiavel considérait la confiance comme dangereuse car la trahison est probable lorsque l'on n'exerce plus le pouvoir ou que l'on n'est plus nécessaire.

1. Les forces armées

Machiavel a discuté de cela en accordant une attention particulière aux forces armées. Il a déclaré que les dirigeants nationaux devraient compter sur leurs propres armes.

Si une situation nécessite de se tourner vers les autres pour obtenir de l'aide, il faut examiner attentivement la fiabilité des co-conspirateurs.

Toute forme de mercenaire se révélera peu fiable ; toute dépendance prolongée se révélera être une faiblesse. La meilleure situation est d'être puissant afin que les autres aient plus besoin de vous que vous n'avez besoin d'eux, et que les autres vous doivent plus que vous ne leur devez.

2. Stratégie

Si l'on hérite du pouvoir ou que l'on est endetté, il vaut mieux trouver un moyen de devenir grand par soi-même et de renverser la situation. Machiavel recommande de toujours se méfier des autres et de s'assurer la loyauté en inspirant la peur des représailles.

3. Le mensonge ingénieux

Malgré toute l'importance que Machiavel accordait à la confiance, il ne considérait pas la trahison comme une mauvaise chose tant que c'était son camp qui la trahissait.

Machiavel admirait le mensonge ingénieux et la tricherie qui donne des résultats. Il pensait que cette pratique était essentielle pour conserver le pouvoir et gérer efficacement l'État.

4. Les relations entre les nations

En ce qui concerne les relations entre les nations, alors que Rousseau suggère une certaine place à la confiance et donc la possibilité de relations à somme positive, Machiavel ne croit pas à la confiance envers les autres gouvernements ou peuples, conformément à sa vision à somme nulle des relations internationales.

5. La vision positive de Rousseau

Rousseau avait une vision beaucoup plus positive de la confiance, en particulier son idée selon laquelle le peuple confie au gouvernement le contrat social et que tous les membres de la nation devraient avoir de l'empathie les uns pour les autres.

6. La notion de la confiance en question

Cette confiance que Rousseau accordait au gouvernement s'accompagnait de limitations du pouvoir sous la forme de contraintes institutionnelles imposées aux dirigeants qui doivent suivre la volonté générale.

Rousseau croyait également que les républiques devaient être petites, de sorte que les dirigeants et les dirigés seraient personnellement liés par des intérêts partagés, et la société civile pourrait être construite sur la confiance.

7. La taille d'un Etat

Alors que Machiavel était préoccupé par la taille d'un État pour la praticabilité de son contrôle, Rousseau était préoccupé par la capacité de chaque citoyen à faire confiance et à sympathiser avec les autres. Rousseau croyait également que, dans une communauté d'ascendance commune et de culture partagée, la représentation politique serait plus directe.

8. Discussion

Là où Machiavel mettait l'accent sur l'entraide et la nécessité, Rousseau souhaitait une assistance mutuelle et de l'empathie.

Machiavel a dit que la gentillesse est facilement considérée comme une faiblesse et **qu'il vaut mieux être craint qu'aimer**. Rousseau voulait que les membres de la société s'aiment les uns les autres, créant une communauté nationale imprégnée de compassion et d'un esprit d'égalité.

V. La problématique des libertés publiques

Ainsi, ils peuvent exclure des forces d'opposition, restreindre les libertés publiques, priver de suffrage certaines fractions de l'électorat, intimider les électeurs ou acheter les voix, recourir à la fraude électorale, manipuler les lois électorales, etc.

Autant d'atteintes qui peuvent être menées subrepticement et qui ne peuvent être dénoncées que par des conduites militantes déterminées ne craignant pas de porter des accusations dont les preuves sont difficiles à établir.

L'enquête de l'expert ou du chercheur, la démarche de l'observateur d'élections sont le plus souvent inadaptées pour apporter la preuve indiscutable de ces déviations. Sous les régimes d'autoritarisme électoral, le chercheur est placé devant un dilemme :

Etre le témoin passif des « farces » électorales afin de pouvoir accéder au terrain ou bien rester à l'extérieur et soutenir le travail de dénonciation des « entrepreneurs de moralité ».

Avec la démocratie mondialisée, on assiste à une interprétation très libre du modèle occidental dont l'objectif consiste à créer l'illusion de la conformité tout en continuant, derrière la façade, des pratiques très éloignées de l'esprit de ce modèle.

Mais le référentiel s'alimente aussi d'une démarche inverse. Parallèlement se développent des doctrines qui revendiquent leur autonomie par rapport à l'Occident tout en prônant des règles proches de la démocratie occidentale ou, pour éviter d'en prononcer le nom, se réclame de la « gouvernance ».

Ainsi apparaissent des modèles émergents, *a priori* autonomes comme l'islamocratie ou se revendiquant d'une authenticité africaine tels que le projet de Renaissance africaine de Thabo Mbeki.

Cette recherche ininterrompue montre bien que le référentiel de la démocratie en Afrique n'est pas sur la voie de la convergence avec le modèle occidental et qu'il est probable qu'il va continuer encore longtemps à alimenter des expériences et à produire des discours avant de s'arrêter soit sur un modèle vraiment autonome, soit sur un nouvel universalisme qui reste à construire, au niveau mondial.

Chapitre IV
Quelle démocratie pour l'Afrique ?

La démocratie, c'est un mot d'origine grecque (***demos*** : peuple, ***kratos*** : puissance, pouvoir), est apparue pour la première fois à Athènes aux environs du Vème siècle av. Jésus-Christ. A l'époque, elle désignait un mode d'exercice du pouvoir par l'ensemble des citoyens, appelé communément démocratie directe. Cette dernière est un régime politique dans lequel le peuple exerce sa souveraineté par lui-même, sans intermédiation d'un organe représentatif (démocratie représentative).

I. Evolution socio-politque de la Grèce antique :

Après avoir organisé la famille restreinte, la famille étendue et la tribu, la religion grecque achève *l'organisation de cette société en englobant les tribus dans une grande institution sociopolitique appelée* la « Cité ». A propos de la tribu, observons qu'elle est un dérivé d'une confédération des familles. Et la confédération des tribus engendre la « Cité ».

Mais, en Afrique, l'ensemble des tribus n'ont pas abouti à la Cité, telle qu'à Athènes, mais ont plutôt engendré l'ethnie. Et dans certains coins d'Afrique, l'ethnie a engendré des royaumes et des empires. En Grèce antique, dès la naissance, l'homme appartient à sa famille, à l'adolescence, il appartient à la phratrie ou à la tribu et enfin, à l'âge adulte, il appartient à la « Cité », donc l'Etat.

II. Et alors qu'est - ce que la démocratie ?

Elle (la démocratie) est classiquement définie comme le gouvernement du peuple par le peuple. C'est une approche sociopolitique de la gestion du pouvoir, et cette même démocratie, après avoir consolidé ses acquis, grâce à une expérience millénaire, est actuellement considérée comme le seul mécanisme politique crédible.

1. Mais quels sont les éléments constitutifs d'une société démocratique ?

Un certain nombre d'éléments essentiels caractérisent le modèle démocratique :

- *La désignation de gouvernement par les élections au suffrage universel.* (C'est la représentation des acteurs politiques. Elle permet aux citoyens de désigner leurs gouvernants, pour une période donnée).
- *L'existence d'un parlement* ayant de larges pouvoirs et constitué par les représentants du peuple souverain.
- *La séparation des pouvoirs* qui fait en sorte le pouvoir limite le pouvoir et enfin ;
- *Les institutions judiciaires* avec leur contrôle juridictionnel des pouvoirs.

Autrement dit, avec la hiérarchie des normes juridiques qui les caractérisent, elles assurent le contrôle des autorités publiques par des juges indépendants et impartiaux. Ces institutions ont pour but : d'empêcher l'hégémonie du pouvoir politique sur les autres composantes de la société telles que :

L'Etat et surtout la société civile, et ce afin de préserver les libertés des citoyens.

2. Démocratie moderne

Si la démocratie est devenue une haute valeur politique incontournable, c'est aussi l'un des critères d'appréciation d'un régime politique tant demandé par les populations africaines.

La démocratie est une conception de l'ordre sociopolitique qui garantit la cohésion sociale et la stabilité politique. Loin d'être figée, la démocratie est aussi un processus ouvert et dynamique qui s'adapte aux réalités de chaque société.

Ce pour cette raison que tout gouvernement démocrate tire sa légitimité de l'investiture populaire du suffrage universel (ce dernier renouvelle les dirigeants politiques). Le suffrage universel, l'égalité, la liberté etc., constituent les fonds communs des valeurs politiques contemporaines.

III. Quelques notions de la démocratie

Il existe une littérature abondante expliquant cette notion.
- Pour **A. TOURAINE** : la démocratie, « *c'est le libre choix à intervalles réguliers, des gouvernants par les gouvernés* » que son cadre juridique est mis sur pied par un Etat de droit.

- Pour **M. MASSENET** ; le mot démocratie a un double sens : le sens purement éthique ; elle est la négation de la tyrannie, donc du totalitarisme. Ensuite, il a un sens aussi juridique ; dans le sens que c'est un régime qui instaure un contrôle réel et puissant du pouvoir en associant le peuple au choix de son destin.

- C'est pour cela, il faut des institutions politiques efficaces chargées de surveiller les actes du pouvoir et d'arrêter son élan, en cas d'abus. « C'est qui fait que le pouvoir arrête le pouvoir » comme soutient **MONTESQUIEU.**

- Au-delà de la théorie de la boite noire de **D. EASTON,** un régime politique est plus efficace et plus fort que si, effectivement, elle se repose sur l'institution démocratique.

1. **La démocratie consentante** : il peut arriver qu'un désordre s'introduise dans la vie du pays ou d'une collectivité, une personnalité peut se proposer pour rétablir la cohésion nationale du groupe et des affaires. Les institutions ne seront pas modifiées ; leur fonctionnement sera seulement suspendu avec le consentement de ceux qui, normalement, les animent ; le parlement déléguera son pouvoir à un gouvernement chargé de résoudre la crise.

2. ***Pouvoir clos et pouvoir ouvert*** : dans la démocratie marxiste, le pouvoir procède d'une volonté populaire dont l'orientation globale est définitivement fixée par les exigences de la cité socialiste. C'est un pouvoir dont l'inspiration, le programme et les plans, arrêtés selon les impératifs de cette volonté prépondérante, *échappent à toute discussion* parce que l'aménagement de l'exercice de la puissance étatique est monopolisé par la force politique qui s'est érigée en maîtrise de l'Etat.

En ce sens, c'est bien un pouvoir clos à combattre. Avec la démocratie de pouvoir ouvert au contraire la lutte politique est, non seulement explicite, mais institutionnalisée. L'espoir est offert à tous d'accéder au gouvernement et d'en utiliser les prérogatives selon leurs vues.

3. Les modèles :

1°) La démocratie libérale

Les fondements politiques de cette démocratie sont : la souveraineté populaire, le choix libre des représentants, le parlement, le pluralisme politique, les libertés publiques, la séparation des pouvoirs (exécutif, législatif et judiciaire).

2°) Le modèle britannique : accorde une importance accrue à la « limitation du pouvoir » de l'Etat par la loi et par la reconnaissance des droits fondamentaux. Cette conception libérale de la démocratie est basée sur la « représentativité » limitée des gouvernants. (1830)

3°) Le modèle des Etats-Unis, la démocratie américaine donne une importance accrue à la citoyenneté, à la constitution, aux idées morales ou religieuses qui assurent l'intégration de la société et donnent un fondement solide aux lois.

4°) Le modèle français. Dans le cadre du régime semi-présidentiel à la française, effectivement, les députés ne peuvent pas porter atteinte au chef de l'Etat, sauf dans le cas prévu par la constitution. Et ce parce qu'il est élu au suffrage universel direct et pour une période donnée.

IV. Cultures démocratiques et cultures autoritaires

Cette distinction *a priori* entre cultures démocratiques et cultures autoritaires rend dès lors inévitable le recours à plusieurs propositions complémentaires :

- **D'abord**, l'évolution des cultures ne peut plus être strictement endogène : la potentialité rationaliste de certaines d'entre elles étant faible, le "développement" des cultures suppose un processus de diffusion, enrichissant les cultures "faibles" d 'éléments importés des cultures "fortes".

- **D'autres part**, la nécessité de réaliser cette importation et de procéder à la gestion de phases transitoires qui ne peuvent être qu'autoritaires, implique que soient soigneusement distinguées la culture des élites et celle des masses dont l'écart est apprécié par Pye comme étant une des références les plus importantes de toute analyse culturelle.

1. Religion et pouvoir

En revanche, les peuples étrangers à l'Occident christianisé seraient restés dans l'incapacité d'envisager la politique dans ce contexte sécularisé. Pour eux, la religion et le pouvoir se confondraient toujours à des degrés divers, faisant obstacle à toute remise en cause durable d'une obligation d'obéissance étrangère au consentement des gouvernés en vertu de sa source surnaturelle.

L'Islam emplit le champ de cette vision, en tant qu'exemple le plus cohérent d'un monde régi par une référence transcendantale à la puissance d'un Dieu unique qui s'exerce au niveau spirituel aussi bien qu'à celui des affaires profanes.

Mais au-delà de l'espace musulman, cette interprétation tend à s'appliquer à la plupart des sociétés de la planète, perçues comme des univers monistes de confusion de la politique et de la religion, et donc pour cela inaptes à la démocratisation.

2. Le rejet de l'intervention excessive de l'Etat

Tout semble en effet démontrer que la masse des citoyens apprécie le confort qui consiste à déléguer sa souveraineté tout en jouissant du droit de critiquer et même de sanctionner ceux à qui elle le délègue. Les sociétés démocratiques aspirent au bon gouvernement en ce sens qu'elles rejettent l'autoritarisme tout autant que les interventions excessives de l'État.

Mais ce qu'elles semblent souhaiter le plus c'est que les gouvernants les laissent tranquilles, qu'ils leur garantissent la sécurité et la stabilité qui permettent à chacun de veiller à ses intérêts particuliers.

Non qu'elle soit condamnable, d'autant qu'elle se trouve présupposée par la logique de délégation du gouvernement représentatif, cette tendance ne stimule guère l'engagement politique actif, et donne à la démocratie une légitimité par défaut plutôt que substantielle, née de l'acquiescement passif de la majorité plutôt que d'une adhésion à ses valeurs.

Tout se passe donc comme si l'idée s'imposait selon laquelle la démocratie ne peut trouver son salut que dans une réduction de ses prétentions, ce qui n'aide pas à en faire une source d'inspiration pour le développement de la citoyenneté là où l'on s'efforce encore de l'acclimater en se heurtant à divers autres écueils.

V. Aujourd'hui les Africains doivent se poser la question ; quelle démocratie pour l'Afrique ?

Certains pays africains, après les indépendances des années 60, ont connu un petit cycle de multipartisme, après il y a eu un long cycle du système à parti unique souvent accompagné des coups d'Etat et des transitions violentes, l'effondrement du mur de Berlin et le seizième des « *sommets franco-africains* » renommés « *conférences des chefs d'Etat d'Afrique et de France* », le sommet de la Baule du 20 juin 1990 va renouveler le cadre des relations franco-africaine par l'intronisation de la démocratie pour l'Afrique.

En effet, le président **Mitterrand** fait dans son discours un lien étroit entre démocratie et développement, subordonnant, sur le modèle des relations avec l'Europe centrale, l'aide de la France aux progrès de la démocratie.

1. Que faire alors ?

Un proverbe africain dit : « *lorsque tu vas au marigot et que quelqu'un te lave le dos, tu peux au moins te frotter le ventre.* » Il s'agit d'un intéressement et d'une prise en charge de l'Afrique par les Africains. Si, ce sont les hommes qui font leur histoire, alors africains doivent prendre la leur, de façon responsable.

Nous pensons qu'il n'est nullement question dans cette réflexion d'une prise de position néo-panafricaniste, au sens de « repli sur soi », appel à une gestion des affaires africaines exclusivement par les africains, rejet de toute tentative étrangère de compréhension de certains problèmes spécifiques à l'Afrique, ou encore assimilation de toute production théorique occidentale sur l'Afrique à du néo-impérialisme.

2. Le syndrôme windows

Néanmoins, on peut dire que la démocratie est un terme qui entraîne à lui tout seul une foultitude de réalités toutes aussi différentes les unes des autres, comme « ***le syndrôme windows*****».** Le phénomène « *windows* » évoque ici deux références :
L'une signifiant simplement « fenêtre » en anglais, l'autre renvoyant presque automatiquement à l'informatique.

- **Dans le premier cas**, nous pensons que l'image consiste à ouvrir les fenêtres de sa concession pour voir ce qui se passe dans la cour du voisin et l'imiter le mieux possible, *sans la moindre preuve d'imagination.*
- **Dans le second cas,** il s'agit d'une application très connue de l'informatique moderne qui consiste *à faire du copier - coller.*

Prenons, par exemple le cas de l'Union africaine, la plupart des chefs africains croient en la réussite de ce « ***copier-coller*** » entre l'Union européenne et l'union africaine tandis que d'autres sont plus sceptiques. Il en est de même en ce qui concerne la question de la démocratie en Afrique.

De ce fait, la question de savoir s'il peut ou s'il doit exister une démocratie typiquement africaine, n'est pas nouvelle. Il y a ceux qui croient en la possibilité d'une bonne greffe de la démocratie à l'occidentale en Afrique et ceux qui, plus pessimistes, prônent tout simplement l'émergence d'une démocratie totalement à l'africaine.

De ce point de vue ; quel est le système qui conviendrait le mieux au continent noir ? Une démocratie importée ou une démocratie purement africaine – sans que l'on ait réussi à saisir ce que veut dire ?

Ces grandes interrogations nous replongent dans ce que Max **Weber** appelle la « *Guerre des dieux* » dans son ouvrage *« le savant et le politique* », Ed. Plon, Paris 1963, p.p 104-114.

Dans un monde « désenchanté », où les hommes ont acquis la certitude que les valeurs ne sont pas objectives, la science est impuissante à nous dire ce que nous devons faire. Adopter une valeur devient la décision purement arbitraire de chaque sujet. Pourtant nous sommes contraints aujourd'hui d'adopter au moins certaines valeurs, celles de la démocratie et si besoin est, l'arranger avec nos coutumes locales.

3. Animal politique ou animal démocratique

L'homme est certainement un « *animal politique* », mais pas forcément « *un animal démocratique* ». En outre, la fameuse thèse selon laquelle la démocratie postule le développement économique comme préalable est caduque. Personne ne conteste par contre que les régimes démocratiques aient réussi à élever le niveau de vie, à étendre la scolarisation, à faire reculer la mortalité infantile.

4. Les valeurs africaines

Aussi nous croyons que chaque société produit des valeurs de son histoire spécifique d'où découle une socialisation formant des régimes politiques différents. Ces valeurs s'incarnent dans des règles devenant des formes de régulation des systèmes normatifs et influent sur les aspirations et les désirs des individus, conformément au régime dans lequel ils évoluent.

Cette démocratie, classiquement qualifiée comme le gouvernement du peuple par lui-même, tend à désigner dans le monde moderne un lien social placé sous le signe de l'égalité et une forme politique susceptible d'exprimer l'idéal de liberté et d'autonomie du gouvernement humain.

Car tel est sans doute le foyer de la part mystérieuse toujours attachée à la démocratie : un lien social placé sous le signe de l'égalité, mais traversé par des conflits naissant de sa revendication comme en Afrique.

Nous pensons qu'un peuple d'Afrique laissé en perdition sur le bord du chemin de l'histoire ; c'est l'humanité tout entière pour qui le glas viendrait à sonner. Nous croyons dans la nécessité de compter sur le temps. Il faut avoir confiance dans nos capacités de bâtir un espace conforme à nos intérêts et avoir confiance aussi dans la liberté qu'il ne faut pas la considérer comme un ennemi caché, prêt à abattre ceux qui l'auront choisie.

Le fait que l'histoire de la démocratie soit rythmée par de revendications assises sur le sentiment de son imperfection n'est alors plus la marque de sa fragilité. A condition toutefois encore, qu'elles s'expriment à l'écart de la violence, au nom du droit ou plus précisément encore, au nom du « *droit à avoir des droits.* »

Aventure engagée sous les auspices d'un arrachement aux préjugés et aux coutumes, la démocratie trouve peut-être sa force d'être déjà par une tradition inlassablement travaillée par le même principe : celui qui associe le gouvernement de l'homme par l'homme aux seules ressources de la liberté et de l'autonomie du sujet humain que les Africains doivent expérimenter pour développer l'ét*hique de conviction* qui aboutit à *l'éthique de responsabilité* pour les Africains.

Il nous semble donc que la démocratie n'est jamais donnée, ni jamais définitivement acquise, mais nécessite un travail de tous les jours. Ce travail est d'autant plus important quand il s'agit de pays économiquement à l'agonie, d'où les Africains doivent changer des mentalités pour réussir la démocratie qui est en marche.

V. La problématique des droits fondamentaux en Afrique

La liberté démocratique la plus élémentaire exige ***la liberté d'opinion, la liberté d'expression, la liberté des réunions, la liberté de presse.*** Démocratie sans liberté égale régime totalitaire ; cela est maintenant universellement connu et reconnu. La démocratie n'est possible que dans la mesure où la liberté effective est pratiquée par chaque citoyen dans le respect des lois.

1. Difficultés et freins de la démocratie

Dans une société démocratique, les citoyens ont le droit de s'assembler pacifiquement et de protester contre les politiques mises en œuvre par leur gouvernement ou contre les actions d'autres groupes en organisant des manifestations ou des défilés, en signant des pétitions, en boycottant certains produits, en se mettant en grève, en se livrant à toutes autres formes d'action directe dans le cadre de la loi.

Interdire une manifestation ou une protestation pacifique en évoquant le maintien de l'ordre, en se cachant derrière cet argument classique et fallacieux, c'est s'engager sur la voie de la répression.

De même, laisser s'exprimer sans frein une contestation violente, c'est ouvrir la voie à l'anarchie. Il y a en régime de liberté démocratique, un équilibre à observer entre ces deux exigences. Révéler au public la vérité qui se dissimule derrière les déclarations mensongères du gouvernement et obliger les détenteurs d'emplois publics à rendre compte de leurs actes, tel est le devoir de vigilance qui incombe aux citoyens, afin d'éviter un retour feutré à l'époque du monopartisme.

3. La problématique des élections en Afrique

La marque de cette liberté et de cette démocratie, ce sont des élections régulières, sincères, honnêtes, neutres et contrôlées, au cours desquelles les citoyens ont la possibilité de choisir librement leurs dirigeants sans exclusive aucune, qu'ils soient de l'exécutif ou du législatif, de les remplacer par d'autres lorsque leur action ne donne pas satisfaction, de contrôler leur gestion, toujours dans le cadre des lois et des textes réglementaires respectifs.

1°) Les piliers d'une véritable démocratie sont :

- Les élections libres et justes ; - La souveraineté du peuple ; - La règle de la majorité ; - La reconnaissance et le respect des droits de la minorité ; - Le gouvernement démocratique reposant sur le consentement des gouvernés.

2°) La garantie des droits fondamentaux de la personne que sont :

- La liberté de parole, d'expression et de presse ; - La liberté de conscience ; - La liberté de réunion et d'association ; - Le droit à l'égale protection des lois, à une procédure légale régulière ; -Le droit à la vie, à la recherche du bonheur ; La culture démocratique et l'éducation civique des citoyens, permettant leur participation active et efficace à la vie politique, sociale, économique et culturelle de la nation.

4. Statut légal de l'opposition

En effet, pour garantir le fonctionnement normal des institutions démocratiques dans nos pays, l'élaboration d'un statut de l'opposition devient une nécessité urgente. **Un tel statut permet :**

- De considérer les partis politiques comme des rouages indispensables au fonctionnement normal de la démocratie.
- D'imposer l'acceptation de la différence par le pouvoir et l'application réelle du droit d'exercice des libertés publiques sans d'autre restriction que celle dictée par la loi.
- De contrôler et de critiquer les actes posés par le régime sans que les militants de ces partis d'opposition soient inquiétés, traqués, écartés par le pouvoir, des postes techniques des secteurs privés et publics, de faciliter l'accession des partis politiques aux médias, sans discrimination aucune.
- De reconnaître le droit à l'alternance par des élections libres et démocratiques, organisées régulièrement aux échéances fixées par la loi.
- De garantir la sécurité des personnalités de l'opposition, sans considération de leurs opinions politiques, contrairement à ce qu'en pensent les ennemis de la liberté dans des démocraties jeunes comme les nôtres.

5. Une opposition forte et responsable

Il faut une opposition forte et responsable, qui soit à la fois un contre-pouvoir et une force de proposition reconnue, qui doit être consultée chaque fois que l'intérêt supérieur de la nation l'exige, mais pour cela, il faut des préalables, notamment les garanties que seul peut permettre un statut légal de l'opposition.

6. Universalité des principes démocratiques

La démocratie repose sur les principes universels des droits fondamentaux de la personne humaine. Toutes les théories tendant à en déformer l'esprit et le sens, conduisent inévitablement à des échecs, comme le prouvent les nombreux exemples d'impasses politiques et économiques offerts par les pays africains.

In fine, d'aucuns prétendent que la démocratie n'est pas faite pour les pays sous-développés, qu'elle est un luxe pour les blancs seulement et qu'il faudrait une espèce de "sous-démocratie" pour ces pays. D'autres soutiennent que la démocratie doit attendre que le pays se développe économiquement avant d'être instaurée faisant en somme d'elle un sous-produit du développement.

Deuxième partie
Droits de l'homme et libertés publiques

Chapitre I
Discussion sur la notion juridique des droits de l'homme

Si l'ouvrage de Jean Morange, intitulé : « *Manuel des droits de l'homme et libertés publiques* » a pour objectif de traiter le programme de l'enseignement de « Droit des libertés fondamentales », tel qu'il est aujourd'hui officiellement qualifié.

Ce dernier fait le plus souvent l'objet, dans les Facultés de droit, d'un cours semestriel en 3e année de licence en droit. Par ailleurs, le même enseignement avait précédemment pour titre « Libertés publiques ». Le changement s'explique par l'évolution de la matière, sans correspondre pour autant à une transformation de celle-ci.

I. Début du IIIème millénaire

Les droits de l'homme en ce début du IIIe millénaire, se situent au cœur de l'ordre politique et juridique des Etats libéraux dont la France. Leur promotion est l'une des justifications principales de la construction européenne et constitue l'une des finalités des Nations Unies.

Dans cette approche, l'expression privilégiée de la philosophie des droits de l'homme se situe à la fin du XVIIIe dans les déclarations de droits. Intéressantes d'un point de vue formel, celles – ci le sont également par contenu et par les droits proclamés.

1. Les caractères de la déclaration de 1789 : - En théorie, ils peuvent être regroupés autour de quatre idées :

1°) La transcendance : - Elle est particulièrement marquée dans le préambule. L'Assemblée nationale n'a pas l'intention de faire œuvre créatrice. Elle expose dans une *« déclaration solennelle, les droits naturels, inaliénables et sacrés de l'homme »*. De tels droits sont nécessairement universels.

2°) L'universalisme : - Les droits proclamés sont ceux de l'homme et du citoyen et non ceux des seuls citoyens français de 1789. Ils valent pour tout être humain.

3°) L'individualisme : - Seul l'individu est titulaire de droits. Aucun groupe n'est mentionné dans la Déclaration, à l'exception de la Nation détentrice de la souveraineté. Communes ou paroisses, régions ou provinces, corporations ou organismes professionnels, n'apparaissent pas.

4°) L'abstraction : - L'Assemblée nationale expose les principes de Liberté, Egalité, de la Sûreté et du droit de propriété. Ceux – ci ne sont soumis à aucune finalité. Il s'agit en réalité que chacun utilise sa liberté et sa propriété comme l'entend.

2. Les régimes juridiques en question :
Il est d'ailleurs frappant, à cet égard, de constater que ces lois avaient le mérite de se présenter

comme des lois – cadres, posant des principes de liberté et déterminant des régimes juridiques clairs et accessibles à tous. On y attacha, en effet, une grande importance à la distinction entre **régime préventif et régime répressif.**

1°) Le régime préventif : - Pour ce faire, il suppose un contrôle a priori, l'intervention d'une autorité publique préalablement à l'usage de la liberté à l'usage de la liberté, une autorisation d'agir.

2°) Le régime répressif :

- Contrairement à ce que ce qualificatif pourrait laisser croire, le régime répressif est, en matière de libertés publiques, le plus protecteur. Il suppose, en effet, que chacun puisse agir librement, sans avoir à solliciter quelque autorisation que ce soit, quitte à répondre de ses actes en cas d'« abus », dans les cas déterminés par la loi pénale et devant le juge répressif.

3. Les modèles étrangers

Sans que ces modèles puissent être opposés à celui fourni par la France, ils peuvent en être partiellement distingués. La comparaison est particulièrement intéressante lorsque l'on s'attache aux systèmes juridiques des deux Etats où les libertés ont une place centrale depuis le XVIIIe siècle.

Au Royaume – Uni, l'absence de Constitution écrite laisse au Parlement un très large pouvoir discrétionnaire pour mettre en œuvre les principes de Common Law.

II. La notion juridique de droits de l'homme

Il est indiscutable que la liberté humaine a été, depuis des siècles l'objet d'attentions et de réflexions qui se sont traduites en droit.

Même si le pouvoir a souvent été qualifié, de façon polémique, d'arbitraire, et, sans nier les dysfonctionnements et les inégalités, on était en présence de droits individuels et collectifs que l'on pouvait faire valoir selon des procédures devant des tribunaux et des juges relativement indépendants.

Au-delà des déceptions, des échecs, des vicissitudes, elle a fondé une véritable révolution plus politique et juridique que philosophique. Elle a accompagné une transformation de l'Etat, des sources juridiques et de la notion de titulaire des droits.

1. L'origine des droits de l'homme

En général, les droits de l'homme sont apparus dans un contexte historique, géographique et culturel bien déterminé. Les déclarations ont été l'œuvre d'assemblées politiques.

Ce fut le cas aux Etats – Unis d'Amérique. Cela le fut également en France. L'Assemblée nationale constituante adopta, article par article, la Déclaration des droits de l'homme et du citoyen après en avoir admis le principe.

2. Les fondements intellectuels : - L'Esprit du XVIIIe siècle

Les constituants ne se sont référés explicitement et collectivement à aucune philosophie et à aucun dogme précis. Par ailleurs concernant **l'Esprit du XVIIIe siècle**, quels que soient leurs objectifs, déclaration et les rédacteurs de projets, étaient imprégnés des mêmes idées, même s'ils interprétaient différemment. Ils utilisaient le même vocabulaire.

On entendit constamment revenir les mots de : - ***liberté, nature, contrat social, raison, bonheur, prospérité, égalité, volonté.*** Ces mots sont révélateurs d'une certaine mentalité, de la diffusion de ce que l'on a appelé par la suite l'« esprit du XVIIIe siècle ».

- Attention :

Il faut d'ailleurs être très prudent lorsqu'on évoque cette notion. Les « philosophes » sont très différents les uns des autres : chrétiens, matérialistes ou déistes, partisans d'un changement radical ou seulement de réformes dans le domaine politique, soucieux de soulager les misères ou de maintenir la hiérarchie sociale.

3. Droit naturel objectif

Les théories du droit naturel sont variées. Elles sont apparues sous la forme que nous connaissons encore aujourd'hui, en Grèce, à l'époque classique. Socrate réagissait contre le matérialisme positif des sophistes. Parmi ses disciples, Platon et Aristote interprètent sa pensée dans ses sens différents et sont l'un et l'autre à l'origine des grandes écoles du droit naturel[4].

2. Droit naturel subjectif

Pour Platon, la loi vient de la nature de l'homme. Elle lui est dictée par la droite raison, c'est-à-dire par ce qu'il y a de divin en chaque individu. Supérieure à l'homme, elle ne lui est cependant pas étrangère.

([4]) **École du droit naturel**. ... On distingue souvent l'**École du droit naturel** classique (Aristote, Thomas d'Aquin) et l'**École du droit naturel** moderne : Hugo Grotius (1583-1645), Johannes Althusius (1563–1638), Samuel von Pufendorf (1632-1694), John Locke (1632-1704), Montesquieu, etc.

Le droit naturel est l'ensemble des droits que chaque individu possède du fait de son **appartenance à l'humanité** et non de par la société dans laquelle il vit. Le droit naturel, dont la liberté, le droit de propriété et l'égalité sont des composantes, est considéré comme **inné et inaltérable, universellement valable** même lorsqu'il n'existe aucun moyen concret de le faire respecter. Le droit naturel cherche à établir une norme qui échappe aux fluctuations de l'histoire et des mœurs et qui évite l'arbitraire du jugement humain. Cependant la détermination du droit naturel dépend aussi de l'idée que l'on se fait de la nature humaine et peut donc varier suivant les époques.

Le concept de droit naturel a été formulé pour la première fois pendant la Renaissance par l'école de Salamanque. Il a été étudié par le philosophe néerlandais **Hugo Grotius** (1583-1645) et repris par les théoriciens du contrat social, **Thomas Hobbes** (1588-1679), **John Locke** (1632-1704) et Jean-Jacques Rousseau (1712-1778).

La notion de droit naturel a été critique par **Karl Marx** (1818-1883) qui met l'accent sur le caractère spécifique de chaque contexte social et historique, et n'envisage l'être humain que comme faisant partie d'une société déterminée. Outre les contestations sur la réalité même de ce concept, le droit naturel fait aussi l'objet de nombreuses controverses, notamment concernant son contenu (ex : la peine de mort est-elle contraire au droit naturel ?)
Le droit naturel s'oppose au droit positif, droit en vigueur, édicté par la société ou l'Etat, qui par définition est changeant, selon les lieux et les époques. Il ne doit pas être confondu avec l'état naturel ou la "loi de la jungle".

La philosophie platonicienne aura une large diffusion dans le monde antique tout se mêlant à d'autres, dont le stoïcisme. Elle inspire **Cicéron** lorsqu'il définit ainsi la loi naturelle : « ***Une loi vraie, c'est la droite raison, conforme à la Nature, répandue dans tous les êtres*** ». Tout comme Saint Thomas christianisa la pensée d'Aristote, Saint Augustin a christianisé la pensée platonicienne à laquelle, il avait été formé par la lecture de Cicéron.

3. Le contrat social[5]

Peu habitués à la pratique du pouvoir, **la théorie du contrat** social leur fournissait une explication apparemment scientifique et rationnelle des maux dont souffrait l'humanité. De ce fait, ils ont ressenti le besoin de passer un contrat qui fonde la société.

Réflexion : - Si le schéma général est à peu près comparable chez Hobbes, Locke, Rousseau et beaucoup d'autres auteurs, les différences n'en sont pas moins nombreuses et fondamentales. La vie dans l'état de nature est heureuse pour Locke et Rousseau, catastrophique pour Hobbes. Ce contrat implique un abandon total de la liberté chez Hobbes et Rousseau.

La préservation de la liberté a pour seule garantie la volonté du souverain supposée raisonnable

---

([5]) ***Le contrat social ou Principes du droit politique*** est un ouvrage de philosophie politique pensé et écrit par Jean-Jacques Rousseau, publié en 1762. L'œuvre a constitué un tournant décisif pour la modernité et s'est imposée comme un des textes majeurs de la philosophie politique, en affirmant le principe de souveraineté du peuple appuyé sur les notions de **liberté, d'égalité, et de volonté générale.**

(Hobbes) ou la volonté générale supposée infaillible (Rousseau). En revanche, si l'on suit la pensée de Locke, les individus, heureux dans l'état de nature, n'eurent en vue qu'un plus grand bonheur en passant le contrat social. Locke est un précurseur du libéralisme, à la différence de Hobbes ou Rousseau.

III. Les fondements religieux

Ils ont, pendant longtemps, été ignorés en France, du fait des souvenirs révolutionnaires. Par ailleurs, les oppositions politiques du XIXe siècle et d'une bonne partie du XXe siècle sont largement déterminées à partir des critères idéologiques. La référence aux trois mots clés qui constituent la devise de la République française est d'ailleurs tout à fait significative.

1. La liberté

La Grèce antique a donné, quelques siècles avant l'ère chrétienne, toute sa portée à la liberté politique du citoyen. Mais en réalité, c'est dans le Christianisme qu'il faut rechercher les origines de **la liberté individuelle**. Cette affirmation communément admise en histoire des idées pourrait surprendre.

2. L'égalité

- **L'Ancien Testament** avait déjà posé des principes fondamentaux. Créé à l'image de Dieu, l'homme doit être respecté. Quelle que soit sa déchéance apparente, résultante de la misère, voire de ses fautes, il reste une créature divine.

- **Le Nouveau Testament** va plus loin. Non seulement, il rappelle constamment l'obligation de

respecter son semblable, même lorsqu'il est devenu un ennemi, à ne pas se croire supérieur à autrui et à ne pas juger sans savoir, mais il contient un appel constant au dépassement.
Celui qui se déclare disciple du Christ doit être prêt à le préférer à ses biens, ses affections terrestres et jusqu'à sa propre vie (Matthieu, XIX, 21 – 22). Toute tradition chrétienne reprendra cet esprit : « *il n'y a plus ni juif, ni grec, il n'y a plus ni esclave ni homme libre, il n'y a ni homme ni femme ; car vous tous ne faites qu'un dans le Christ* ».

3. La fraternité
L'origine de la notion de « fraternité » est encore plus délicate que les deux précédentes. Elle évoque immédiatement la pensée chrétienne. C'est en effet dans le Nouveau Testament que l'on trouve aussi clairement proclamée cette fraternité universelle.

Réflexion : **-** Pour aller plus loin : - **Quant à la séparation du spirituel et du temporel**, Il y a toujours eu, dans la pensée chrétienne, une réflexion sur la meilleure répartition à opérer entre les compétences du pouvoir spirituel et celles du pouvoir temporel, entre les droits et devoirs des individus et ceux des diverses collectivités (« ***rendez à César ce qui est à César, et à Dieu ce qui est à Dieu*** ») …

Ultérieurement, les promoteurs de la laïcité revendiqueront une plus grande autonomie politique et de la société dans un esprit initialement hostile à l'Eglise. Ils n'en reprenaient pas moins des idées fort anciennes tout comme lorsque les loges maçonniques reprenaient le terme de fraternité. Le contexte historique a souvent une importance déterminante.

IV. Le contexte économique

1. Liberté et inégalités sociales

Il convient de partir d'un constat. A la fin du XVIIIe siècle, on a affirmé de pair **les libertés individuelles, politiques et économiques**. Les circonstances suffisent à l'expliquer. Les « lumières » dénonçaient toutes les rigidités et scléroses de l'ancienne monarchie aussi bien en matière politique et sociale qu'en matière économique.

Comme l'expliquent **les néo – libéraux contemporains**, la liberté humaine s'exprime aussi par les choix professionnels de l'individu, par le biais de sa liberté d'entreprendre, tout comme par le choix de son mode de vie et de l'usage qu'il fait de ses biens qu'il les investisse, les thésaurise, les gaspille ou les distribue aux pauvres.

1°) Réflexion :

En réalité, c'est surtout à partir du XIXe siècle que l'on sera sensible à la question sociale en termes différents. La visibilité de la pauvreté s'est considérablement accrue dans la mesure où la misère est massivement devenue urbaine.

Parallèlement va se développer le sentiment qu'il existe des solutions dont le caractère scientifique sera de plus en plus revendiqué.

2°) Les débats :

Pour ce faire, ils n'ont pas seulement opposé les spécialistes de la jeune science économique mais également les penseurs politiques et les juristes. Le droit de propriété, qualifié dans la Déclaration de 1789 de droit naturel, et les libertés économiques sont-ils en tous points identiques aux autres ?

Pas tout à fait répondait déjà le grand penseur Benjamin Constant, car ils sont inséparables d'une organisation sociale, même s'il convenait selon lui, de ne pas y porter atteinte compte tenu de leurs liens très étroits avec les autres droits.

2. La double influence des courants sociaux :

Une partie de la pensée de gauche leur assignera une finalité sociale, ce que le doyen Léon Daguit traduira, en termes juridiques. Dans le droit fil de la pensée de Saint thomas d'Aquin, les grandes encycliques sociales de l'Eglise catholique formulent une exigence comparable.

C'est ailleurs sous la double influence des courants sociaux – démocrates et chrétiens que des constitutions rédigées après la Seconde Guerre mondiale mentionnent cette exigence.

La constitution italienne de 1947 et la loi fondamentale allemande de 1949 ouvrent cette voie dans laquelle s'inscrit l'intervention économique.

Chapitre II
L'évolution des droits de l'homme

Les droits de l'homme ont profondément évolué, faute de quoi ils n'auraient vraisemblablement pas survécu, au moins sous cette forme. Au – delà du consensus de façade que connait notre époque, les enjeux contemporains se situent dans la continuité des tiraillements du passé tout en laissant entrevoir de nouvelles et profondes divergences.

I. Les étapes de l'évolution

Les droits de l'homme ont été contestés par des courants de pensée très divers, parfois opposés, pour des raisons elles-mêmes différentes. Les contestations se sont succédé, parfois superposées, par vagues. A chaque type de critique a correspondu une réponse juridique, le plus souvent constitutionnelle.

1. Les contestations des droits de l'homme

Chronologiquement, les premiers à dénoncer les droits de 1789 ont été les traditionalistes. Ils furent rejoints au XIXe siècle par les socialistes, au premier rang desquels on trouve les marxistes. Puis, en retrait par rapport à ces critiques, on trouve la pensée dominante de la classe politique occidentale qui nuance, au nom du réalisme, la philosophie du XVIIIe plus qu'elle ne la condamne.

Marx aborde la critique des « droits de l'homme » par l'intermédiaire de la « question juive ». A partir de 1848, Marx se réclame de la science. La révolution prolétarienne perd toute consonance « morale ». Le prolétariat a un rôle historique à jouer.

2. La négation des droits de l'homme, le totalitarisme.

La philosophie des droits de l'homme a fait au XXe siècle l'objet d'une critique radicale. Certaines théories politiques ont procédé à une négation systématique de ces droits, en rejetant tous les fondements, dont celui de la dignité de tous les êtres humains et de leur égale valeur.

Ils ont, selon les cas, affirmé la supériorité absolue de la Race (***nazisme***), ou de la classe idéologique (***stalinisme***). Ils ont utilisé à l'égard des récalcitrants, le même appareil répressif (primat du chef, parti unique, propagande et police). Dans ce que l'on pourrait appeler sa « phase suprême », le totalitarisme tente d'aboutir à une dépersonnalisation de l'être humain, à l' « ***homme sans âme*** » selon l'expression d'Hannah Arendt[6].

([6]) **Hannah Arendt**, née **Johanna Arendt** à Hanovre le 14 octobre 1906 et morte le 4 décembre 1975 à New York, est une politologue, philosophe et journaliste allemande naturalisée américaine, connue pour ses travaux sur l'activité politique, le totalitarisme, la modernité et la philosophie de l'histoire.
Elle soulignait toutefois que sa vocation n'était pas la philosophie mais la théorie politique (« *Mein Beruf ist politische Theorie* »). C'est pourquoi elle se disait « politologue » (« *political scientist* ») plutôt que philosophe.
Son refus de la philosophie est notamment évoqué dans *Condition de l'homme moderne* où elle considère que « la majeure partie de la philosophie politique depuis Platon s'interpréterait aisément comme une série d'essais en vue de découvrir les fondements théoriques et les moyens pratiques d'une évasion définitive de la politique ».

3. Le pessimisme libéral

Ce courant pessimiste fut très marqué par le contexte européen des années 1930 – 1940. L'Union soviétique avait tourné le dos au libéralisme, avec le stalinisme dont on ne mesurait pourtant pas encore toute l'horreur. L'opinion publique française fut plus sensible à l'évolution politique de ses proches voisins touchés par **le fascisme, le nazisme, le salazarisme ou le franquisme.**

4. Réflexion sur l'analyse critique

Pratiquement toutes les critiques argumentées à l'encontre des droits de l'homme ont eu un effet. Elles ne sont pas restées sans réponses. Plus ou moins rapidement, plus ou moins nettement, chaque grande vague de contestation a été suivie par une vague de constitutionnaliste.

1°) La première génération : - Elle a été formulée à la fin du XVIIIe siècle. Elle est particulièrement bien illustrée par la Déclaration de 1789 dont les principaux caractères juridiques ont été mentionnés. Progressivement, les droits de l'homme deviennent ***moins transcendants, moins universalistes, moins individualistes, moins abstraits*** sans pour autant perdre totalement ces caractères. C'est plus tard que seront proclamés d'autres droits, de nature différente.

2°) La deuxième génération : - C'est après la Seconde Guerre mondiale que l'on voit proclamer les droits de la deuxième génération, c'est-à-dire des droits à caractère économique et social.

3°) La troisième génération : - Beaucoup d'interrogations ont surgi, depuis 1980, sur ces « ***nouveaux droits de l'homme*** ». Certains d'entre eux ne font que développer et préciser les droits de la seconde génération au nom des impératifs de solidarité en affirmant le droit à un niveau de vie minimum, à un logement décent, voire à l'épanouissement personnel ...

D'autres vont plus loin en énonçant sous formes diverses des droits à la paix et à un environnement sain ... La charte de l'environnement illustre remarquablement la spécificité de ces nouveaux droits.

II. Les enjeux contemporains

1. Des droits universels

Ils sont faciles à comprendre. Le respect et la promotion des droits de l'homme s'imposent à la communauté internationale et à tous les Etats, comme en témoignent la Déclaration universelle des droits de l'homme et les innombrables déclarations et résolutions adoptées depuis par les Nations Unies. **L'universalité des droits de l'homme semble être l'objet d'un consensus tant au niveau mondial qu'au niveau national**.

Pourtant, et ce n'est guère surprenant, ces mêmes droits font l'objet d'appréciations sensiblement divergentes.

2. L'universalisme des droits de l'homme

Il est vrai qu'il relève, pour l'essentiel, de la conviction. Conviction des rédactions américaines de la déclaration d'Indépendance (4 juillet 1776) tenant « pour évidentes par elles – mêmes » certaines vérités :

« ***Tous les hommes sont créés égaux*** *; ils sont dotés par le Créateur de certains droits inaliénables ; parmi ces droits se trouvent la vie, la liberté et la recherche du bonheur. Les gouvernements sont établis par les hommes pour garantir ces droits, et leur juste pouvoir émane du consentement des gouvernés…* ».

Conviction des constituants français de 1789
« *considérant que l'ignorance, l'oubli ou le mépris des droits de l'homme sont les seules causes des malheurs publics et de la corruption des gouvernements …* ».

Conviction très voisine de ceux qui, à l'issue des évènements dramatiques de la Seconde Guerre mondiale, élaborèrent et adoptèrent la Déclaration universelle des droits de l'homme de 1948 :

« *Considérant que la reconnaissance de la dignité inhérente à tous les membres de la famille humaine et de leurs droits égaux et inaliénables constitue le fondement de la liberté, de la justice et de la paix dans le monde ; considérant que la méconnaissance et le mépris des droits de l'homme ont conduit à des actes de barbarie qui révoltent la conscience de l'humanité et que l'avènement d'un monde où les êtres humains seront libres de parler et de croire, l*ibérés de la terreur et de la misère, a été proclamé comme la plus haute aspiration de l'homme… ».

3. Que pensons – nous ?
Il convient de bien comprendre que l'affirmation du caractère universel des droits de l'homme relève du « credo » ***religieux, éthique, politique***... et non pas d'une certitude scientifique. On se situe au niveau des valeurs et non pas de la preuve rationnelle. Il existe des arguments à l'appui de l'unité du genre humain et d'une certaine égalité des individus qui le composent.

Mais, si l'on peut mettre l'accent sur cette dernière, on peut aussi insister sur les inégalités réelles entre les individus. L'universalisme des droits de l'homme repose plus en effet sur la croyance en une égalité de valeur entre les êtres que sur une égalité de capacité ou de situation ...

4. La défense des droits de l'homme
Les droits de l'homme ont bénéficié du prestige de ceux qui les rappelèrent. Le président Carter manifesta l'intention d'en faire l'un des fondements de sa politique.

Désormais, dans leurs relations avec le camp socialiste ou avec le Tiers Monde et notamment l'Amérique latine, les Etats – Unis, renouant avec idéalisme ancré dans leur histoire, entendaient devenir les défenseurs sourcilleux des droits de la personne humaine.

D'autres autorités morales ont apparemment tenu ou tiennent un langage comparable. Le prix Nobel de la paix s'est parfois confondu avec un ***« prix des droits de l'homme*** » de René Cassin à Martin Luther King ou Andrei Sakharov, de Lech Walesa à

M. A Estrella ou Mère Térésa, sans oublier les institutions comme Amnesty, le Haut – Commissariat pour les Réfugiés, Handicap International ou Médecins sans Frontières. Plus récemment encore et sans être exhaustif, le prix a été décerné à Jimmy Carter, Christine Ebandi ou Muhammad Yunus.

Quel que soit le récipiendaire, et même s'il y a plus que des nuances entre les noms cités, ce sont des actions en faveur des droits de l'homme qui ont bénéficié d'une reconnaissance publique.

III. Les limites à l'universalité

Elles sont de nature et de signification très variable. De façon plus globale, il s'avère, assez paradoxalement, que ce n'est pas dans les zones où il existe des conventions régionales que risque de voir combattu l'universalisme des droits de l'homme est le plus grand. Les réticences sont plus sensibles dans deux parties du globe, l'Asie et le « monde musulman ».

1. Le continent Asiatique

Il abrite plus de la moitié de l'humanité et n'a aucune unité culturelle. Certains Etats comme le Japon, la Corée du Sud et les Philippines ne rejettent pas le principe d'une conception universaliste.

Celle – ci n'est, en revanche, pas acceptée sans réserves, non seulement par quelques Etats marxistes (Corée du Nord, Vietnam) mais aussi par l'Inde ou par la Chine dont l'importance démographique est considérable.

Analyse de la situation : - Evoquons par ailleurs, que l'Inde est à la fois, paradoxalement, une grande démocratie parlementaire. Malgré l'Inde de Gandhi a lutté vigoureusement contre l'existence des castes mais celles-ci n'ont pas disparu des mentalités et de la réalité sociale. La situation de la Chine est actuellement tout à fait différente.

Les obstacles culturels à une acceptation de la philosophie des droits de l'homme ne semblent pas déterminants.

Pour aller plus loin, on se trouve donc confronté à un discours très peu théorisé dénonçant l'impérialisme d'un Occident qui voudrait exporter ses propres valeurs au détriment de l'accession au bien – être des peuples qui ont le droit de revendiquer leurs particularismes nationaux et régionaux.

Par conséquent, ce point de vue a été nettement exprimé en avril 1993 à Bangkok lors d'une réunion préparatoire à la Conférence des Nations Unies sur les droits de l'homme, qui s'est tenue à Vienne en juin de la même année.

2. Islam et droits de l'homme

Cette dénonciation de l'impérialisme se retrouve dans le discours de certains dirigeants d'Etats dits musulmans. **La situation y est encore plus complexe**.

- **D'un côté** l'unité de la communauté des croyants (*la Umma*) est très fortement revendiquée.

-**D'autre côté**, la réalité est celle d'une division de cette dernière entre de nombreux Etats – nations,

Chapitre III
L'Etat de droit et les droits de l'homme

L'étude des origines de l'Etat de droit nous démontre que les droits de l'homme ont été proclamés dans un contexte juridique qui n'était pas celui de l'Etat de droit.

Peut-être que les événements dramatiques du XXe siècle ont mis en lumière que les droits et les libertés les plus essentiels pouvaient être menacés par certaines expressions démocratiques, on a, sans rejeter les anciennes références, de plus en plus recouru à **la notion de l'Etat de droit.**

I. Démocratie et droits de l'homme

En ce début de XXIe siècle, on a le sentiment que seuls les Etats démocratiques respectent les droits de l'homme même si l'on ne peut que constater également que toutes les démocraties qui se prétendent telles sont loin de les respecter de façon pleinement satisfaisante.

Analyse critique : - Nous pensons que ceci n'est guère surprenant, dans la mesure où la démocratie libérale est l'aboutissement de deux traditions distinctes et parfois opposées. Elle en tire sa spécificité et son attrait mais également sa fragilité.

1. La convergence de deux traditions

D'abord la démocratie sous sa forme la plus sophistiquée a été inventée par la Grèce antique. De ce point de vue, le modèle athénien en reste une remarquable illustration. Ensuite, Rome notamment à l'époque républicaine, a connu des institutions démocratiques au rôle plus limité.

En revanche, et même si d'autres types de réflexions ont pu se manifester ailleurs et avant, c'est dans la pensée juive puis dans la pensée chrétienne que l'on trouve les éléments d'où dégagent ***les notions d'autonomie, de liberté, de droits individuels.***

Réflexion : - Le Moyen Âge et les temps moderne n'ont pas été démocratiques. On considérait alors communément que les institutions démocratiques ne pouvaient être adoptées que de petites communautés humaines. Mais la nécessité d'une adhésion populaire, d'un contrat ou d'un quasi – contrat passé avec les gouvernements a été fréquemment mise en valeur ...

2. La fragilité de la démocratie libérale

Commençons par souligner que les traditions démocratique et libérale se sont rejointes en France depuis la IIIe République. Par ailleurs, la Constitution de la Ve République, adoptée par référendum, l'a formulé en termes clairs et synthétiques.

- **D'une part**, dans le Préambule, le peuple français « proclame solennellement son attachement aux droits de l'homme et aux principes de la souveraineté nationale ... ».
- **D'autre part**, il est précisé que « la souveraineté nationale appartient au peuple, par le peuple et pour le peuple » (art. 2) reprend la définition classique de la démocratie.

Approche critique : - Nous pensons qu'il y a un équilibre complexe dans la mesure où la démocratie libérale est conçue aujourd'hui comme l'aboutissement de plusieurs évolutions et, dans ses principes, elle fait l'objet d'un large consensus.

En d'autres termes, la démocratie est perdue si les citoyens font passer leur intérêt égoïste avant l'intérêt de tous. Un autre type d'inquiétude manifestait par Alexis de Tocqueville en évoquant la jeune démocratie américaine, il redoutait dans tels régimes l'omnipotence de la majorité, la tyrannie de la pensée et soulignait le danger du conformisme esclave de l'opinion.

Pour ma part : - Cette appréciation, qui n'est pas sans faire penser aux dangers du « *politiquement correct* » ou de la « *pensée unique* » dénoncés aujourd'hui, est peut – être excessive si on l'applique à la société envisagée dans sa globalité. Elle se vérifie beaucoup plus si l'on s'intéresse à des sous – groupes définis par le milieu social, la tranche d'âge ou la localisation.

Si beaucoup de transformations ne concernent pas spécifiquement la démocratie ou les droits de l'homme, on peut s'attarder, en revanche, sur celles relatives à l'organisation des pouvoirs.

II. Organisation des pouvoirs et droits de l'homme

Observons également que la conception de l'organisation des pouvoirs que l'on peut avoir dans un Etat donné est, *a priori*, plus en rapport avec la constitution politique qu'avec la constitution sociale, avec les institutions politiques qu'avec les droits de l'homme. Et pourtant la conception que l'on a de l'organisation des pouvoirs peut avoir une finalité autoritaire ou libérale.

1. Une finalité libérale

En évoquant la séparation des pouvoirs, nous pensons que le principe de séparation énoncé à l'article 16, doit certainement beaucoup à Montesquieu.

Mais il convient également d'analyser la Déclaration de 1789 et l'organisation des pouvoirs, à ce point, elle a eu le mérite de préciser que la garantie de ces droits supposait l'existence de certains principes relatifs à l'organisation des pouvoirs.

2. Une adaptation constante

En France, on a pendant des décennies et jusqu'à une époque très récente, interprété de façon spécifique la division dégagée par Montesquieu :

- **Un pouvoir législatif**, gardien des libertés dans la tradition française ; - **Un pouvoir exécutif**, soupçonné a priori de menacer les droits individuels, et une autre ; - **Judiciaire** dont on a trop tardivement mieux réalisé l'importance.

Progressivement, depuis près de trente ans, les autorités administratives indépendantes se sont multipliées en France. Elles ont souvent eu des modèles étrangers, mais depuis leur création, elles se sont insérées dans le système administratif français et elles y ont acquis une originalité réelle.

3. Les juridictions et les libertés

L'indépendance des juridictions doit beaucoup à la jurisprudence du Conseil constitutionnel. Dès le 22 juillet 1980, ce denier affirmait qu'« *il résulte des dispositions de l'article 64 de la Constitution en ce qui concerne l'autorité judiciaire et du principe fondamental reconnu par les lois de la République en ce qui concerne … la juridiction administrative … que l'indépendance des juridictions est garantie ainsi que le caractère spécifique de leurs fonctions* ».

- Commentaire : - L'indépendance de chaque ordre de juridiction sous le contrôle régulateur de la Cour de cassation, d'une part, du Conseil d'Etat, d'autre part, est primordial pour assurer la crédibilité de la justice, notamment lorsque les droits fondamentaux sont en cause.

Il faut en déduire qu'il convient que l'appareil juridictionnel corrige les erreurs, les fautes et négligences que peuvent commettre les juges, notamment lorsque les droits fondamentaux sont en cause.

La compétence et les qualités des magistrats doivent être assurées par, leur mode de recrutement. Leur impartialité et leur indépendance doivent être garanties.

Chapitre IV
Les sources juridiques des droits de l'homme

Notons pour commencer que les sources extra - juridiques ont joué et jouent un rôle déterminant dans l'apparition, la consistance et l'évolution des droits et libertés. Leurs complexités et leur enchevêtrement expliquent en partie la diversité des sources contemporaines.

I. Les sources nationales

Depuis plus de deux siècles, la France a placé la Constitution écrite au sommet de son ordre juridique. La loi, quant à elle, s'était dès l'origine vu attribuer un rôle déterminant pour en assurer la mise en œuvre. L'apport de la Vème République et de la jurisprudence du Conseil constitutionnel n'en reste pas moins considérable à cet égard.

Sans rappeler la situation du Conseil constitutionnel dans la Constitution et la pratique de la Vème République, on doit insister sur le rôle essentiel qu'il joue dans le domaine des libertés publiques. Le rôle créateur du juge constitutionnel détermine, d'abord, quels sont les principes à valeur constitutionnelle et il en précise le contenu et la portée.

Approche critique : - Il faut en déduire que les limites de la protection législatives sont dans la plupart des démocraties connaissent aujourd'hui un parlementarisme rationaliste et majoritaire. Techniquement, cela peut être jugé satisfaisant au regard de la stabilité politique du pays et de l'efficacité de la politique gouvernementale.

En revanche, la loi y a beaucoup perdu de son caractère libérateur. Par conséquent, d'autres solutions peuvent être envisagées parallèlement pour parvenir à une restauration de la loi dans le domaine des libertés publiques.

II. Les sources européennes

La construction européenne est apparue comme une priorité après la Seconde Guerre mondiale. Faute de pouvoir la réaliser immédiatement, elle a commencé avec la mise en place de Conseil de l'Europe chargé, directement et à titre principal, d'assurer la protection des droits l'homme.

Partant de ce constat : - Ultérieurement, les Communautés européennes et l'Union européenne ont acquis une importance telle que la protection des droits fondamentaux ne pouvait y être ignorée.

1. Le conseil de l'Europe

Dans ce cadre, il est considéré comme un modèle d'organisation régionale constitué afin d'assurer la reconnaissance et la protection des droits de l'homme. Les objectifs étaient de nature fédéraliste à long terme. A court et moyen terme, ils étaient de favoriser la consolidation et le perfectionnement de l'Etat de droit.

Quel progrès ? – Aujourd'hui, le Conseil de l'Europe regroupe 46 Etats qui constituent, théoriquement, des Etats de droit démocratiques. Cette qualité a été effectivement une condition d'acceptation des nouveaux membres et des commissions d'enquête, des négociations, des engagements ont jalonné les procédures d'admission. Il n'est pourtant pas acquis que l'Etat de droit soit encore solidement implanté partout.

Discussion en cours : - Pour ma part, deux points de vue se sont opposés depuis 1989 et dans les années qui ont suivi, et notamment à propos de la candidature de la Russie avant la guerre contre l'Ukraine :

- **Pour les uns**, il convenait de prévoir une période transitoire assez longue jusqu'à ce que les exigences soient pleinement réalisées.
- **Pour les autres,** il était préférable d'intégrer rapidement de nouveaux membres afin d'y accélérer les progrès de la démocratie.
- **Pour ma part**, au-delà des arguments avancés, si l'hésitation est permise, c'est parce que la Russie est donc devenue, en 1996, quarantième Etat membre du Conseil de l'Europe.

Mais, faisons attention !!!, autant dire qu'il faut aussi vérifier le respect et l'application de la protection des droits de l'homme. De ce point de vue, on peut avoir encore des doutes très sérieux sur le fonctionnement de ses institutions et sur son système juridique.

2. La cours européenne des droits de l'homme

Elle est depuis le 1er novembre 1998, un organe unique chargé de faire respecter les engagements prisent par les Etats. En effet, en cas de violation de la Convention, des possibilités de recours sont offertes à des requérants, très largement envisagés.

Les recours étatiques apparaissent logiques dans l'ordre juridiques international.

Ils ont acquis une spécificité marquée dans l'ordre juridique européen, même si pour des raisons d'ordre diplomatique, ils sont restés très peu nombreux. Il faut en déduire que les Etats sont censés déclencher d'un droit objectif par rapport à un ordre public européen.

3. L'Union européenne

La protection des droits de l'homme dans le cadre de l'Union européenne nous démontre que dans le souci de pragmatisme, la construction européenne a consisté, à partir du plan Schuman, à réaliser une communauté économique européenne, un marché commun.

Mais, à terme, ces objectifs, qui ne se révéleront encore qu'imparfaitement dans le traité de Rome de 1957, étaient beaucoup plus ambitieux. Il ne s'agissait pas seulement d'assurer la libre circulation des capitaux, des services et des personnes, mais aussi d'améliorer les conditions de vie des Européens et, au-delà, une paix durable sur ce continent, voire d'aboutir à des Etats – Unis d'Europe.

Réflexion : - En attendant, la protection des ressortissants communautaires est toujours assurée par le biais des principes généraux du droit communautaire dans des domaines de plus, en plus étendus.

En outre, la répartition des compétences entre les Etats et les institutions européennes n'est pas toujours clairement réalisée. Enfin, il faudrait également savoir s'il y a à long terme, une place pour deux organisations européennes.

Chapitre V
Le titulaire des droits de l'homme

Le titulaire privilégié des droits de l'homme à la fin du XVIIIe siècle a été l'individu, l'homme. Il s'agissait avec certitude de l'homme majeur capable d'exprimer sa volonté, du citoyen.

Plus délicate reste la question de savoir de quelle part de ces droits pouvait disposer le non – citoyen : femme, étranger, mineur ... De ce fait, les droits de l'« homme » ou les droits « fondamentaux » sont des droits de la « personne » ce qui suppose une reconnaissance de celle – ci et pose la question de l'égalité des personnes.

I. La reconnaissance de la personne

La personne humaine est corps et âme, chair et esprit, vie et conscience ... Peu importent, ici, les formulations puisque, à défaut d'un accord sur leur signification, il en existe au moins un sur la réalité d'une certaine dualité. Les deux droits les plus fondamentaux de la personne sont donc, *a priori*, le droit à la vie et le droit à la liberté de conscience.

1. Le droit à la vie

Il est absent des grandes déclarations de XVIIIe siècle. Cela ne signifie pas qu'il ait été rejeté mais plutôt qu'on le considérait comme évident. La proclamation du droit à la vie s'est très largement opérée par les grands textes internationaux ... « *Tout individu a droit à la vie* » (Déclaration universelle des droits l'homme, art. 3 ; Pacte 1966, art. 6) « *Le droit de toute personne à la vie est protégé par la loi* » (DEDH, art 2 ; Convention américaine, art. 4 ; Charte africaine art.4).

Quant à **la vie prénatale,** le droit à la vie apparaît en revanche très fragile avant la naissance. S'agissant de la vie prénatale, il convient a priori de distinguer selon les dispositions constitutionnelles en vigueur.

2. La liberté de conscience

La notion de liberté de conscience est l'une des libertés les plus difficiles à aborder et à comprendre parce que l'une des plus liées au mystère de la nature humaine.

Les théologiens ont conçu la conscience comme un sanctuaire, le lieu privilégié du dialogue en l'homme et Dieu. Dans des visions plus laïcisées du monde, on a continué à se référer à la nécessité de respecter l'autonomie de la conscience.

Au nom de la tolérance, la philosophie du XVIIIe siècle a exigé que l'on respecte les croyances dont l'individu n'avait aucun compte à rendre à la société. Le vocabulaire utilisé a varié et l'on a parlé ***de liberté d'opinion, de pensée, de croyance, de conviction ou de conscience,*** même si les réalités visées étaient souvent voisines.

Questionnement : - Dans ces conditions, à quoi bon proclamer une liberté qui est intouchable ?

Sans doute, d'abord, pour en affirmer néanmoins l'importance et le caractère fondamental et manifester clairement ce que sont les orientations d'une démocratie libérale.

Probablement, ensuite, parce que chaque fois que l'on proclame la liberté de conscience, on envisage aussi la possibilité pour l'individu d'exprimer ***ses croyances, incroyances, convictions, pensées, idées et opinions.***

Peut – être, enfin, parce que l'on attend d'un Etat libéral qu'il ne se contente pas de respecter les consciences mais qu'il leur donne, aussi, par l'usage des autres libertés et dans un certain pluralisme, les moyens de se former (d'être éclairées, comme l'expliquent les théologiens, d'être informées, dans une version laïque).

II. Laïcité ou neutralité de l'Etat ?

La laïcité de l'Etat fut, à ses origines, une idéologie. Elle l'est restée pour certains. Dans le langage juridique, elle a pris, en revanche, un sens très sensiblement différent. Elle y est synonyme de **neutralité**. C'est ainsi que l'on doit lire l'article 1er de la Constitution de 1958 : *« La France est une République indivisible, laïque, démocratique et sociale. Elle assure l'égalité devant la loi de tous les citoyens sans distinction d'origine, de race ou de religion. Elle respecte toutes les croyances* ».

De même, l'une des grandes lois laïques, la loi du 9 décembre 1905, concernant la séparation des Eglises et de l'Etat, affirmait – elle, dès son article 1er : « *La République assure la liberté de conscience* … ».

De ce fait, le droit français est marqué par une très forte neutralité de l'Administration. Elle a une portée très générale sur l'ensemble du fonctionnement des pouvoirs publics et elle a, depuis 1905, été intériorisée par la plupart des acteurs.

1. L'égalité des droits

La théorie des droits de l'homme est indissolublement liée aux notions de ***liberté mais aussi d'égalité.*** Celles – ci sont largement complémentaires mais peuvent aussi apparaître antinomiques. L'adaptation du principe s'accompagne de l'existence de catégories spécifiques.

1°) L'égalité : - Une histoire, même très brève, et donc nécessairement trop schématique, l'idée d'égalité fait apparaître une notion susceptible, tout comme la précédente, de multiples interprétations. On trouve les racines de l'idée d'égalité dans la pensée grecque.

2°) Discussion : - Le nom de Platon fut souvent associé, au cours de l'histoire, à l'idée communiste. Non sans raison car la République nous décrit une Cité idéale où l'égalité se traduit par l'octroi de lopins de terre égaux pour les travailleurs et par un communisme presque intégral pour les guerriers et philosophes.

Par ailleurs, contrairement à Platon, nous pensons que le totalitaire, frugal, repose sur des exclusions (esclavages, étrangers) et des sélections sévères (passage d'une classe à une autre). Il a été vivement combattu par Aristote. Pour ce dernier, l'homme a besoin de propriété et d'affection exclusives. L'amitié et l'amour renforcent la Cité en favorisant une nécessaire diversité.

3°) Au point de vue social : - La réflexion d'Aristote, nous ramène à dire que l'égalité doit être relative et on doit tenir compte des capacités diverses des individus. Autrement dit, la démocratie est bonne en ce que tous les hommes sont égaux par certains aspects.

Elle est néanmoins défectueuse car ils ne sont pas égaux en tout. A l'inverse, l'oligarchie prend en compte leurs inégalités naturelles, mais néglige trop l'égalité tout aussi naturelle. D'où la préférence d'Aristote pour le régime mixte.

III. Le droit des libertés

L'intérêt des définitions est déterminant pour comprendre la signification, la place et le rôle assignés à des concepts de plus en plus invoqués mais pas toujours dans le même sens. La matière est en quelque sorte victime de son succès. Elle reflète aussi les mutations, les incertitudes, les incertitudes, les divergences de l'époque contemporaine après des époques de certitudes peut-être trop facilement acquises.

1. Les évolutions des définitions juridiques des libertés : Etude comparée.

Les droits de l'homme ont été conçus comme une notion intermédiaire entre un ordre naturel et l'ordre juridique positif.

1°) L'originalité de l'approche française au XVIIIe siècle

Les constituants français, qui avaient l'intention de faire une œuvre de théoriciens destinée à devenir un modèle pour le monde entier, ont « *déclaré* » des droits naturels pour qu'ils deviennent définitivement une réalité juridique. L'originalité de l'approche française met, plus que d'autres, l'accent sur le rôle de l'Etat, du législateur, dans la détermination d'un régime juridique de liberté.

2°) Au Royaume Uni

A la même époque, on accorde de l'importance aux traditions, aux principes de liberté issus du droit de Common Law et à la jurisprudence, même si le législateur joue aussi un rôle de plus en plus important dans la matière.

3°) Aux Etats – unis

La constitution et ses amendements sont considérés comme l'expression privilégiée de la souveraineté du peuple. Les juges judiciaires et en dernier lieu la Cour suprême en sont les gardiens plus que les législateurs de l'Etat fédéral ou des Etats fédérés.

Au-delà des changements incontestables qui se sont produits depuis, il existe une réelle continuité du droit des libertés.

IV. La continuité du droit des libertés

Les libertés publiques correspondent, pour la plupart d'entre elles, à la première génération des droits de l'homme. La deuxième génération est celle de l'émergence des droits économiques, sociaux et culturels.

Dans les démocraties libérales, ces derniers ont, cependant, été conçus dans un esprit de liberté. Ils étaient destinés à compléter les premiers et surtout à permettre un usage plus égalitaire des libertés. Il en va parfois de même des nouveaux droits de troisième génération, même si certains d'entre eux, dont le titulaire n'est pas l'individu, ont une portée différente.

1. Sources et garanties des libertés

Parallèlement, à cette évolution substantielle, s'est réalisée une évolution des sources et des garanties. Celles – ci se sont multipliées.

Les nouvelles terminologies en usage, « droit des libertés fondamentaux », entendent tenir compte de ce nouveau contexte. Les définitions contemporaines sont, de ce fait, nécessairement plus complexes.

- L'existence d'un droit fondamental ou d'une liberté fondamentale suppose : - La reconnaissance de son principe par une norme constitutionnelle ou supranationale, et notamment par le Convention européenne des droits de l'homme ; - Une mise en œuvre par le législateur et l'administration ; - Des garanties par les instances supranationales et notamment la Cour européenne des droits de l'homme ; ainsi que par les juridictions nationales, constitutionnellement judiciaire et administrative.

2. Stabilité du régime juridique des libertés

Les diverses évolutions qui se sont produites depuis plus de deux siècles peuvent logiquement conduire à penser que l'on est passé d'une revendication des droits de l'homme limitée au XVIIIe siècle à la mise en place effective d'un ensemble de droits et libertés fondamentaux insérés dans un ordre juridique complexe. Il convient cependant de relativiser la portée de l'évolution.

Les garanties non législatives des libertés ne sont pas, loin s'en faut, exclusivement européennes ou constitutionnelles. Les juges dits ordinaires continuent à jouer un rôle majeur. Au-delà de toutes les évolutions terminologiques dont il n'est pas question de nier l'intérêt, convient – il d'examiner le régime juridique de celles qui ne sont pas traditionnellement rattachées à un autre enseignement.

Troisième partie
Le rayonnement de modèle francophone des libertés publiques

Chapitre I
L'autonomie de l'individu

L'importance première des droits de l'homme est indissociable de l'intérêt que l'on doit accorder au régime juridique des libertés publiques.

Les analyses qui suivent ont pour objectif non seulement de donner un aperçu de ce qu'est le régime juridique des libertés essentielles mais également d'illustrer la théorie générale et de mettre en valeur la façon dont les principes philosophiques, juridiques sont concrètement mis en œuvre dans un système juridique donné, français en l'occurrence.

Quelles libertés choisir ? – Les libertés ici retenues sont, sous réserve d'une indispensable adaptation, celles qui le sont classiquement depuis la IIIe République et même avant…en France. C'est leur importance dans la vie presque quotidienne des individus qui le justifie.

La liberté du commerce et de l'industrie ou liberté d'entreprendre relève du droit des affaires, tandis que l'étude du droit de propriété sera partagée entre ce dernier, le droit civil, voire le droit administratif (nationalisations).

En pratique pour nous, l'autonomie de l'individu implique la possibilité de se déplacer selon son gré et, par suite, de ne pas être enfermé ou retenu par la force. On estime que l'être humain doit disposer d'un domaine dont il est le seul maître et d'où il peut écarter les intrus. La vie privée au sens large doit être protégée.

I. La liberté d'aller et venir

Composante essentielle de la liberté individuelle, la liberté d'aller et venir est au nombre des principes fondamentaux reconnus par les lois de la République.

Elle se confond, pour les citoyens français, avec la liberté de se déplacer sur la voie publique. Mais, si le principe est incontestable, la réglementation est de plus en plus abondante dès lors qu'un moyen technique est utilisé.

1. Un principe peu contesté

La liberté d'aller et venir à son gré est un des aspects de la liberté individuelle et se confond avec la liberté de circuler sur la voie publique ; en l'espèce, l'arrêté préfectoral, si louable que soit le but poursuivi, abouti à instaurer, pour une catégorie de citoyens, une sorte d'interdiction de séjour revêtant le caractère d'une prohibition générale ou quasi générale, illicite ou excessive.

2. Les déplacements à l'étranger

La France n'ayant jamais retenu ses ressortissants désireux de partir à l'étranger, la question de savoir s'il s'agissait là d'une liberté n'avait guère été discutée.

Plus récemment, certaines personnes redevables vis-à-vis du fisc s'étant vu refuser la délivrance ou le renouvellement d'un passeport, ou une sortie du territoire, les juridictions adoptèrent des positions un peu différentes.

3. Les arrêtés « anti-mendicité »
Mendier sur la voie publique ne constitue ni un droit fondamental, ni une infraction. L'interdire constitue, en revanche, une atteinte au moins indirecte à la liberté d'aller et venir et à son corollaire, la liberté de stationner, même si certaines formes mendicité peuvent troubler l'ordre public ou entraver la liberté des piétons et autres usagers.

4. Le « couvre-feu » pour les mineurs
Constatant l'accroissement de certaines formes de délinquance et la présence d'enfants ou d'adolescents laissés à eux-mêmes, certains maires ont, depuis 1997, pris des arrêtés de police interdisant la circulation pendant la nuit (de 23 h à 6 h du matin) de mineurs (de 12 – 13 ans) non accompagnés d'un adulte, qui, portent incontestablement atteinte directement à la liberté d'aller et - venir, même s'ils peuvent apparaître socialement justifiés.

5. La liberté du piéton
La liberté d'aller et venir à bien sûr une portée générale. Elle est et doit être, prioritairement en cas de conflit, celle de se déplacer paisiblement en toute tranquillité. Cela peut trouver à s'appliquer dans la pratique sportive mais aussi dans la vie quotidienne.

II. La circulation automobile

Pour ce qui concerne **le permis de conduire, o**n peut donc voir dans la liberté de conduire une automobile, un aspect de la liberté d'aller et venir. Cela a été admis dans son principe par le législateur et la jurisprudence.

Cependant, les limitations et les contrôles vont se multiplier sur un double fondement : - Les véhicules automobiles empruntent la voie publique dont l'Administration a la garde ; - Les dangers que présentent, de façon évidente, la conduite d'une automobile, justifient une intervention renforcée de l'Administration responsable de l'ordre public.

Ces considérations débouchent sur un contrôle de l'aptitude d'un conducteur d'une part, une réglementation de la circulation d'autre part. Le permis de conduire s'apparente juridiquement à une autorisation préalable.

1. Mesure de suspension

Celle – ci peut revêtir deux significations. Elle peut apparaître comme une mesure privative de liberté. Elle est alors le fait des tribunaux judiciaires pour sanctionner diverses infractions liées ou non à la circulation routière. Elle peut aussi apparaître comme une mesure de police (Jurisprudence *Labonne*).

2. La réglementation de la circulation

Elle est indispensable pour assurer la conciliation de droits opposés et la sécurité publique.

Pour des raisons compréhensibles, elle remet en cause des principes fondamentaux du droit, de liberté, d'égalité ou relatifs à la présomption d'innocence.

III. La sûreté

Bénéficier de la sûreté, c'est bénéficier de la liberté d'aller et venir sans être arrêté ou détenu arbitrairement. Il s'agit d'une protection contre l'arbitraire. On doit, en effet, tenir compte des nécessités de la vie sociale et de la répression.

Toute privation de liberté ne porte pas atteinte à la sûreté dans la mesure où elle n'apparait pas arbitraire. Au-delà de ces principes, paraissant immuables, le droit de la sûreté a sensiblement évolué.

1. L'évolution de la sûreté

Notons pour commencer, la crainte de l'arbitraire a été une des préoccupations constantes du XVIIIe siècle, au point que le mot même de sûreté peut difficilement être défini sans y faire référence.

2. Droit à la sécurité

C'est en tout cas dans ce contexte qu'est apparu un « droit à la sécurité ». La loi du 15 novembre 2001 relative à la sécurité quotidienne, votée à une très large majorité sous l'égide d'un gouvernement de gauche, semble en effet avoir innové dans son article premier : « *La sécurité est un droit fondamental. Elle est une condition d'exercice des libertés et de la réduction des inégalités. Elle est un devoir pour l'Etat.* »

1°) Analyse : - Nous pensons que cette affirmation parait mettre fin à un très vieux débat politique où l'on opposait sécurité et liberté, conservateurs et progressistes, les « ***choix sécuritaires*** » de la droite et l'« ***utopie préventive*** » de la gauche.

2°) Juridiquement, le droit à la sécurité apparaît effectivement comme un droit nouveau assez sensiblement distinct du droit à la sûreté.

Il vise à protéger les personnes poursuivies devant la justice et à trouver un équilibre entre la nécessité de poursuivre les auteurs présumés d'infractions (objectif de valeur constitutionnelle) et le respect de la présomption d'innocence. Il peut apparaitre aux yeux de certains comme une entrave à une répression exigée par le droit à la sécurité.

En réalité, les deux notions sont moins opposées qu'il ne parait. Il s'agit donc de trouver un équilibre entre l'objectif de sécurité et le droit de la sécurité. Equilibre qui explique l'existence de détentions hors jugement.

III. Les détentions hors jugement

Dans l'action répressive, toute juridiction est susceptible de commettre des erreurs judiciaires. On peut, néanmoins, considérer que le risque s'accroit lorsqu'un individu est détenu sans avoir été jugé. **N'est-il pas présumé innocent, aux termes de l'article 9 de la Déclaration de 1789 ?**

Pourtant les nécessités de la « *recherche judiciaire* » ont, depuis longtemps, justifié la rétention temporaire de suspects, voire de simples témoins. Il existe même une tendance à étendre ce pouvoir au nom de la préservation de l'ordre public. La détention provisoire nécessite une instruction judiciaire et l'intervention d'un magistrat du siège.

1. La détention provisoire
Longtemps qualifiée de préventive, elle correspond à une pratique ancienne, permettant au magistrat instructeur, magistrat du siège, de priver de leur liberté de simples suspects dans le but faciliter le bon déroulement de l'enquête.

Toutefois, la détention provisoire, même si elle résulte de la décision d'un juge, est potentiellement dangereuse pour les libertés puisqu'un individu, ***présumé innocent***, va être détenu avant d'avoir été jugé.

2. La garde à vue
Suppose une enquête judiciaire, mais la décision appartient à un officier de police judiciaire ou à un membre du Parquet. Le contrôle d'identité, plus bref, il est vrai, peut-être le fait d'officiers de police judiciaire, mais aussi, dans une certaine mesure, d'agents de police judiciaire ou d'agents de police judiciaire adjoints, sans les conditions en soient très nettement déterminées.

- **Discussion :** - Précisons d'abord que la garde à vue correspond également à une pratique fort ancienne consistant à garder dans des locaux de police ou de gendarmerie des personnes en qualité de suspects ou de témoins.

Ensuite, elle a été ultérieurement inscrite dans le Code de procédure pénale (art. 63 et s.). En revanche, elle est souvent déterminante pour l'efficacité de l'enquête (***secret, isolement, découvertes de preuves***). Afin de concilier ces éléments contradictoires, on a depuis quelques années multiplié les garanties en faveur des personnes concernées.

IV. La protection de la vie

Notons pour commencer qu'il n'existe aucune définition légale de la vie privée. La protection de la vie privée *stricto sensu* suppose cependant qu'on lui donne une certaine consistance. Ce sera la mission du juge.

Globalement, la protection de la vie privée trouve son fondement dans l'article 2 de la Déclaration de 1789 (cc, 23 juillet 1999) et dans l'article 8 de la Convention européenne des droits de l'homme.

1. La protection de la vie privée « *stricto sensu* »

Dès 1902, il est fait allusion aux droits de la personne. Mais, par la suite des progrès techniques et du développement des médias, les demandes se sont multipliées. Les abus d'une certaine presse ont été soumis aux juges civils.

Des solutions concrètes ont été trouvées. Ainsi a été la loi du 17 juillet 1970 pour le respect de la vie privée (art. 9 du Code civil). Désormais, il est possible de donner une définition de la vie privée et d'envisager sa protection civile d'une part, pénale d'autre part.

2. La protection civile de la vie privée

D'après l'article 9 du Code civil est ainsi rédigé : « *Chacun a droit au respect de sa vie privée. Les juges peuvent, sans préjudice de la réparation des dommages subis, prescrire toutes mesures telles que séquestre, saisie et autres, propres à empêcher ou faire cesser une atteinte à l'intimité de la vie privée ; ces mesures peuvent s'il y a urgence être ordonnées en référé.* »

En pratique, les juges ont tendance à les proportionner à la gravité de la faute commise et aux profils réalisés ou envisagés par l'auteur du dommage (selon le tirage du journal, par exemple), au moins autant qu'à l'importance du dommage subi (souvent moral).

3. La protection pénale de la vie privée

Cette protection pénale de la vie privée est beaucoup plus restreinte que la protection civile. La loi du 17 juillet 1970 prévoyait quelques cas d'atteintes à la vie privée pénalement sanctionnés.

Ces dispositions avaient été insérées aux articles 368 à 370 du Code pénal. Elles font toujours l'objet d'articles du nouveau Code pénal. Par ailleurs, aux termes d'articles 226 – 1 du nouveau Code pénal constitue un délit *« le fait, au moyen d'un procédé quelconque, volontairement de porter atteinte à l'intimité de la vie privée d'autrui »* :

1°) « En captant, enregistrant ou transmettant, sans le consentement de leur auteur, des paroles prononcées à titre privé ou confidentiel. »
Commentaire : - Ici, on s'attache à la nature des paroles et non plus au fait qu'elles aient été prononcées dans un lieu privé comme dans l'ancienne rédaction.

2°) « En fixant, enregistrant ou transmettant sans le consentement de celle – ci, l'image d'une personne se trouvant dans un lieu privé. »

Commentaire : - Pour aller plus loin, cette notion de lieu privé reste prise en compte, ce lieu étant où les tiers n'ont pas le droit de pénétrer sans autorisation.

En revanche, la simple curiosité, même indiscrète, n'est pas pénalement sanctionnée. Toutes ces sanctions sont distinctes de celles applicables en cas de violation de domicile.

4. Les exceptions au principe
Dans cette approche, la principale exception correspond au pouvoir reconnu aux magistrats instructeurs de se faire communiquer des correspondances et de les ouvrir.

Il est également possible de porter atteinte au secret des correspondances destinées aux détenus (sauf exceptions), aux commerçants déclarés en liquidation de biens. Précisons aussi qu'il est plus difficile de définir les limites au secret de la correspondance dans les rapports entre particulier.

5. Le secret des conversations téléphoniques

Autant dire que les conversations téléphoniques auraient dû bénéficier, depuis longtemps, de la même protection que les correspondances. Elles leur sont logiquement assimilables.

De ce fait, elles en constituent, fréquemment, la forme moderne, et les fils téléphoniques véhiculent autant de secrets que les enveloppes postales…

Les écoutes téléphoniques ont cependant posé des problèmes très difficiles à résoudre pour diverses raisons :
- ***Techniquement***, elles ont pu être pratiques sans que les victimes le sachent et sans laisser de traces…
- ***Juridiquement***, elles ont été, dans très grande majorité des cas, dépourvues de toute base légale et constituent des voies de fait.

Il était pourtant presque impossible d'en donner la moindre preuve. En réalité, l'élément décisif a été la condamnation de la France, en 1990, par la Cour européenne des droits de l'homme.

V. Informatique, fichiers et libertés[7]

Ces trois mots ont été utilisés pour désigner l'objet de la loi du 6 janvier 1978. L'informatique ne fait, par elle – même, courir aucun danger aux particulier.

---

(7) Cours de M. Martin KUENGIENDA - Droit du multimédia en L3 CIM IUT de Montreuil – Université Paris.
Martin KUENGIENDA - *Droit de l'informatique et de la communication.* Ed. Edilivre. Paris 2013.

Tout dépend du domaine dans lequel elle est utilisée.

En l'occurrence, c'est le fichage des individus qui se révèle dangereux. L'informatisation des fichiers peut accroître le risquer sans en changer la nature ; elle peut aussi avoir des effets positifs à condition d'être correctement maîtrisée.

1. Le rôle de la CNIL

Plus fondamentalement, le rôle de déterminant pour assurer l'application de ces principes revient à la Commission Nationale Informatique et Libertés (CNIL). Elle est souvent apparue comme une sorte de prototype des AAI[8] protectrices des droits individuels.

D'une façon générale, la Commission a le pouvoir de s'informer, sans que l'on puisse opposer le secret à ses investigations. Elle exerce un contrôle et une surveillance assez larges, elle peut dénoncer les infractions et faire des propositions ; un rapport annuel fait le point sur son action.

2. La protection de l'individu

Mentionné parmi les principes généraux placés en tête de la loi, le droit d'accès permet à tout individu

---

([8]) **Les Autorités administratives indépendantes** (**AAI**) sont, selon le Conseil d'État, des « organismes administratifs qui agissent au nom de l'État et disposent d'un réel pouvoir, sans pour autant relever de l'autorité du gouvernement ». Les AAI font partie d'établissements publics au même titre que les organismes divers d'administration centrale (ODAC). Le terme d'AAI est utilisé par le législateur français de façon explicite depuis la création de la Commission nationale de l'informatique et des libertés (CNIL) en 1978, mais recouvre d'autres organisations plus ou moins similaires. Une loi organique du 20 janvier 2017 limite au nombre de 26 les AAI officiellement reconnues.

déclinant son identité d'interroger tout détenteur de fichier public ou privé afin de savoir s'il y figure ou non.

Pour terminer, d'une façon générale, on ne peut collecter des données que par des moyens licites en informant de leur utilité les personnes auprès desquelles elles sont recueillies. On ne peut les conserver au-delà de la durée prévue.

Chapitre II
La libre disposition de soi

Cette expression, contestable philosophiquement et juridiquement, est en revanche couramment utilisé dans un langage commun. Elle signifie que, dans un système juridique libéral, chacun est laissé libre de ses choix dans l'usage qu'il entend faire de son corps, de ses capacités, de sa personne…

Elle correspond à la célèbre formule inscrite à l'article 4 de la Déclaration de 1789 : « *La liberté consiste à pouvoir faire tout ce qui ne nuit pas à autrui.* »

La mission de l'Etat libéral, laïc comme la France, serait donc *a priori* très simple. Il lui appartient uniquement de concilier les droits opposés de certains individus. Par ailleurs, l'absence de consensus sur une croyance ou éthique, dans les sociétés libérales contemporaines, ne permet pas d'élaborer une théorie juridique du droit à la vie susceptible d'être acceptée par une majorité.

I. Les principes fondamentaux

Les principaux fondamentaux du droit relatifs à la libre disposition de soi[9] sont largement dispersés …

([9]) **La libre disposition de soi** renvoie aux libertés fondamentales s'attachant à la sauvegarde de la personne : le droit de disposer de son corps et le droit à l'intégrité physique. Celles-ci ont pour objectif commun de reconnaître à la personne la maîtrise de soi dans certaines limites : la première, positivement, en garantissant la libre disposition du corps, la seconde, négativement en interdisant à autrui d'y porter atteinte. Elles constituent les deux faces d'une seule et même liberté physique, dont le respect conditionne l'existence de toutes les autres libertés.

Afin de mieux maîtriser certaines évolutions techniques, le législateur a entendu, plus récemment ; fixer un cadre clair en matière de bioéthique. Il n'a que partiellement réussi.

1. L'éparpillement des principes

Dans le cadre d'un droit législatif, il y a un nombre des principes essentiels, anciens, applicables à la matière, ont une portée beaucoup plus large. Il en va ainsi de l'article 4 de la Déclaration de 1789, mais aussi de principes du Code civil ou du code pénal ou de principes généraux du droit.

Ils tournent autour des notions de liberté, de responsabilité, de libre consentement, tout en notant que, si ce dernier est nécessaire, il n'exonère pas pour autant de leur responsabilité les tiers qui tuent, blessent ou mutilent autrui.

Ces principes sont mentionnés dans divers documents dont le Code de la santé publique ou, très significatif, le Code de déontologie médicale. Par ailleurs, le législateur lui-même ne parvient pas à trancher entre toutes les demandes contradictions et inconciliables.

2. L'apport des lois bioéthiques

Pour ce qui concerne l'élaboration des lois bioéthiques[10], elle a été laborieuse et, dans une large mesure, originale et significative.

([10]) **La bioéthique** est l'étude des problèmes éthiques posés par les avancées en matières de biologie et de médecine. **Le mot bioéthique** est constitué de deux racines : "*bio*" signifiant "*vivant*" et "*éthique*" "*ce qui est bon pour l'homme*".

Dès 1983, a été mis en place, par décret, le Comité consultatif national d'éthique pour les sciences de la vie et de la santé, organisme consultatif (devenu autorité administrative indépendante) réunissant des personnalités principalement issues des milieux scientifiques et médicaux, mais aussi des juristes et de représentants des principales familles philosophiques et spirituelles.

II. La mise en œuvre des principes

L'idée directrice est simple, la liberté consiste à pouvoir faire tout ce qui ne nuit pas à autrui. Encore faut-il déterminer qui est « autrui » ce qui pose des problèmes spécifiques liés à la procréation. Il faut également que l'individu puisse s'exprimer librement s'agissant de la protection de sa santé.

1. Les problèmes liés à la procréation

Discussion :

Autant dire pour le droit de (à) l'enfant que la procréation reste fort heureusement naturelle dans l'immense majorité des cas. Les difficultés n'apparaissent que lorsque des individus ou des couples demandent à la médecine de leur permettre de procréer de façon artificielle.

La question qui se pose alors pour les juristes est de savoir quels sont les droits fondamentaux en cause. Existe - t – un droit à l'enfant, invocable par quiconque quel que soit son statut, son âge… ? Ou bien y a – t – il un droit de l'enfant à naître et à être éduqué par un père et une mère dans une famille « ***élément naturel et fondamental de la société*** » qui a droit à la protection de la société et de l'Etat, selon l'article 16 de la Déclaration universelle des droits de l'homme ? Depuis 1994, le législateur a donné la priorité au droit de l'enfant, sans toutefois écarter à certaines conditions le droit à l'enfant.

2. Le droit à la protection de la santé

S'agissant de la portée du principe de liberté, il est vrai que la liberté de chacun va de pair avec le droit d'obtenir des prestations. Les droits et les devoirs des parents et tuteurs à l'égard de leurs enfants supposent qu'ils l'exercent de façon raisonnable dans l'intérêt de celui-ci, faute de quoi la justice pourrait intervenir.

III. La liberté de se grouper[11]

116.- En évoquant l'historique de la liberté de se grouper, il est bien connu que cette liberté constitue le fondement indispensable de la plupart des libertés collectives. En revanche, elle présente par nature un risque pour l'ordre public.

Par leur force, des groupements peuvent contrebalancer celle des pouvoirs publics, multiplier la puissance de ceux qui y participent, susciter des désordres. Sous l'Ancien Régime, la nécessité d'obtenir une autorisation préalable permettait d'exercer un contrôle.

1. Les groupements momentanés

([11]) Martin KUENGIENDA : « ***La protection des libertés publiques : - Comparaison des systèmes français et anglo-saxons*** ». ED. L'harmattan. Paris 2002. 348 pages.

On doit distinguer selon que les rassemblements se tiennent dans un lieu clos (réunions) ou sur la voie publique (manifestations).

Les réunions tout comme les manifestations exigent un minimum d'organisation. Il n'en va pas de même des attroupements qui se forment spontanément sur la voie publique et peuvent être dispersés, au besoin par la force.

1°) Les réunions publiques : - Précisons que la réunion constitue un groupement momentané de personnes formé en vue d'entendre l'exposé d'idées ou d'opinions, en vue de se concerter pour la défense d'intérêt.

En revanche, la réunion se distingue de l'association en ce que cette dernière implique un lien permettant entre ses membres. Cette définition a été très souvent citée, car elle montre la vision idéaliste et intellectuelle que l'on a eu des réunions publiques.

2°) Régime juridique : - Cela explique le régime juridique extrêmement favorable dont elles bénéficient. La loi de 1881 proclame dans son article 1 : « *Les réunions publiques sont libres* » ; elles ne sont soumises à aucune formalité préalable (la déclaration initialement exigée en 1907).

D'autres types de réunions sont soumis à des régimes juridiques proches (concert, théâtre) ou distincts (spectacles de curiosités, rave-parties). Le régime juridique des manifestations est moins favorable même si la jurisprudence de la CEDH[12] a tendance à le rapprocher (art. 11 de la CEDH).

3°) Les manifestations sur la voie publique : - D'une façon générale, les manifestations sur la voie publique ont été moins bien traitées par le droit français que les réunions publiques. On n'y voyait pas un droit fondamental. La liberté de manifestation n'étant pas reconnue au niveau constitutionnel. En outre, une évolution s'est produite.

Le Conseil constitutionnel a vu dans la liberté de manifester une liberté d'expression collective (18 janvier 1995). L'article 11 de la Convention européenne ne distingue guère entre les libertés de réunion et de manifestation et la Cour européenne (21 juin 1988) a estimé que les Etats n'avaient pas seulement un devoir de non – ingérence mais qu'il leur incombait aussi d'adopter des mesures raisonnables et appropriées afin d'assurer le déroulement pacifique des manifestations licites.

([12]) **La Cour européenne des droits de l'homme ou cour EDH** est une juridiction internationale instituée en 1959 par le Conseil de l'Europe. Sa mission est d'assurer le respect des engagements souscrits par les États signataires de la Convention européenne des droits de l'homme. La compétence de la Cour s'étend à toutes les questions concernant l'interprétation et l'application de la Convention et de ses protocoles additionnels. La Cour peut être saisie d'une requête par un État ou « par toute personne physique, toute organisation non gouvernementale ou tout groupe de particuliers qui s'estime victime d'une violation » de ses droits ou libertés, garantis par la Convention. La Cour européenne des droits de l'homme fonctionne en permanence et siège, depuis le 1er novembre 1998, à Strasbourg (France) dans un bâtiment conçu par l'architecte Richard Rogers.

2. La liberté d'association

Sa valeur consacrée tardivement par le législateur en 1901, la liberté d'association ne l'avait été que de façon éphémère par le pouvoir constituant sous la Seconde République.

Mais, il a fallu attendre le 16 juillet 1971 pour que, dans une décision célèbre, le Conseil constitutionnel discerne, dans le principe de la liberté d'association, l'un des « *principes fondamentaux reconnus par les lois de la République* ».

La liberté fondamentale, la liberté d'association est garantie par le législateur. Dangereuse, elle s'est vu fixer un certain nombre de limites.

1°) Les garanties de la liberté d'association : - Elles sont mentionnées dans la loi de 1901 : les associations non déclarées se forment en toute liberté, sans restriction ni formalité préalable, mais elles ne jouissent, en principe, d'aucune personnalité juridique.

A l'opposé, les associations reconnues d'utilité publique (par décret) sont des personnes morales et peuvent, à ce titre, recevoir des dons et legs. Sauf cas particuliers, les associations peuvent donc acquérir en toute liberté une personnalité juridique leur permettant de disposer de moyens suffisants.

2°) Les moyens des associations : - Il est bien connu que les associations peuvent ester en justice, non seulement pour défendre leurs intérêts patrimoniaux mais aussi des intérêts collectifs.

3°) Les limites à la liberté d'association : - Indispensables dans un pays démocratique, les associations peuvent se révéler dangereuses pour l'ordre public, mais, également pour leurs membres, dont elles risquent d'exiger une allégeance incompatible avec leur qualité de citoyens, ou auxquels elles imposent parfois des procédures peu régulières.

Quant à la protection des membres, il est presque superflu d'insister dur l'impérialisme de certains groupes et l'appétit de leurs dirigeants, enclins à exiger une obéissance sans faille.

IV. La liberté de communication

La libre communication des pensées et des opinions est un des droits les plus précieux de l'homme ; tout citoyen peut donc ***parler, écrire, imprimer librement***, sauf à répondre de l'abus de cette liberté dans les cas déterminés par la loi. L'article 11 de la Déclaration de 1789, formulé en termes étonnamment modernes, est très significatif d'un état d'esprit.

La liberté de communiquer ses pensées et ses opinions apparaît comme un prolongement de la liberté « ***naturelle*** » de chaque individu, un de ses droits « ***les plus précieux*** ». Elle est d'abord celle des hommes de lettres, des « ***Lumières*** », qui se voient reconnaître le droit de parler ; d'écrire et d'imprimer librement.

1. Le contexte de la liberté de communication

La diversité des données est frappante. Elle explique en partie les hésitations, voire les contradictions de la réglementation. Elle n'a pas empêché l'émergence de quelques principes fondamentaux. La notion d'information est faussement simple.

D'abord parce qu'il n'y a pas une information mais une infinité d'informations parmi lesquelles il faut trier selon l'intérêt qu'elles représentent.

Pragmatiquement, dans les démocraties libérales, on met l'accent sur la pluralité des sources. Effectivement les organes de presse et les médias sont nombreux et relativement variés.

2. Les principes fondamentaux

Si les médias sont étroitement dépendants de données techniques et financières, ils se situent aussi dans un certain contexte juridique dont l'article 11 de la Déclaration de 1789 mentionne les caractères.

Le principe de liberté domine à condition de ne pas en abuser. Cette liberté est en l'occurrence, très fortement valorisée puisqu'elle est expressément qualifiée, et c'est un cas unique, comme étant un « ***des droits les plus précieux de l'homme*** ».

1°) La profession de journaliste : - En matière de liberté, il ne saurait non plus y avoir de restriction ***intuitu personae*** et c'est la raison pour laquelle, en droit français, la profession de journaliste est très largement ouverte.

Aux termes du Code du travail (art. L. 761 – 2), le journaliste professionnel est celui qui a pour occupation principale et régulière cette activité et en tire l'essentiel de ses ressources. La carte d'identité professionnelle est automatiquement délivrée dès que cela est constaté.

Il n'est exigé aucune condition de compétence, de diplôme, de moralité… D'ailleurs pour des raisons voisines, il n'existe ni ordre professionnel ni code de déontologie.

2°) L'objectivité : - Le droit français n'ignore pas cette notion. Elle impose à l'agence France – Presse tenue fournir « une information complète et objective » (loi du 10 janvier 1957, art. 1er), mais aussi universitaire (de pair avec tolérance). Dans le domaine de la communication audiovisuelle, elle peut être imposée aux sociétés nationales de programme ou aux titulaires d'une autorisation d'émettre au niveau des programmes d'informations.

3°) La transparence : - Ce principe impose de porter à la connaissance du public un certain nombre de renseignements relatifs à la direction de l'entreprise, à la détention du capital au sein de celle-ci ainsi qu'aux principaux transferts de propriété.

4°) Le pluralisme : - Cette liberté de choix suppose la pluralité des médias. Donnant une interprétation positive et audacieuse de l'article 11 de la déclaration de 1789, le Conseil constitutionnel considère, dans une formulation de principe, reprise ultérieurement, « *que le pluralisme des quotidiens* *d'informations politique et générale est en lui – même un objectif de valeur constitutionnelle ; qu'en effet la libre communication des pensées et des opinions garantie par l'article 11 de la Déclaration des droits de l'homme et du citoyen de 1789, ne serait pas effective si le public auquel s'adressent ces quotidiens n'était pas disposer d'un nombre suffisant de publications de tendance et de caractères différents* … ». Cette interprétation du texte constitutionnel est, cependant, susceptible d'être adaptée au régime juridique du média concerné.

V. Le régime juridique des médias

Conformément à la tradition française, ce régime juridique est déterminé par le législateur qui est intervenu, en fonction des évolutions techniques, à des époques différentes.
Il en résulte une réglementation par facettes de la liberté d'expression.

1. La presse écrite

En réalité, la liberté de la presse écrite est la seule à avoir été directement visée en 1789. Elle a connu bien des vicissitudes avant que des principes stables soient définis, sous la IIIe République.

La loi de 1881 fait de l'entreprise de presse une entreprise comme une autre, c'est-à-dire relevant le plus souvent du droit des sociétés commerciales, même si le des coopératives ou des associations est envisageable et parfois utilisé.

Réflexion sur les difficultés : - Quant aux difficultés de la presse, on constate un accroissement des coûts de confection et de diffusion, en partie lié à une modernisation trop longtemps retardée, une réparation des ressources publicitaires variable selon les médias et selon les titres sont à l'origine d'une presse écrite, qui se manifeste plus ou moins selon les moments.

2. La communication audio visuelle

Un droit spécifique : - Admettons d'abord, que la première question qui se pose est celle de la justification d'un droit différent de celui qui régit la presse écrite.

Précisons ensuite que le Conseil constitutionnel évoque lui-même des « ***contraintes techniques*** » et l'on pense immédiatement à la rareté des fréquences hertziennes.

Discussion : - Il convient toutefois de noter qu'à l'époque du câble et du satellite, cet argument a des moins en moins de poids et qu'il faudrait plutôt mettre l'accent sur d'autres arguments permettant de justifier la spécificité du droit applicable.

3. Les pouvoirs du CSA

Conçu sur le modèle du Conseil constitutionnel, le CSA (Conseil Supérieur de l'Audiovisuel) s'est vu doter d'une large palette de pouvoirs ; - Le CSA exerce une mission générale d'information et de surveillance. Il est appelé par le législateur à veiller…, à s'informer… ; - Le CSA exerce une mission consultative. Il donne un certain nombre d'avis publics et motivés, notamment sur le cahier des charges des sociétés et des établissements relevant du secteur public.

4. Les limites à la liberté de communication

Elles peuvent être envisagées par facettes, en fonction du média utilisé. Cette approche est tout à fait fondée juridiquement puisque le législateur a déterminé les limites au cas par cas.

Elle présente en revanche l'inconvénient de ne pas faire ressortir suffisamment l'unité de la liberté d'expression qui a fait et continue à faire l'objet d'une argumentation philosophique et politique spécifique, concernant en premier lieu le principe même d'une limitation.

En résumé, si les modalités de la limitation sont variées, elles correspondent aussi à une certaine logique, d'autant, plus que les objectifs poursuivis sont de même nature.

Chapitre III
Libertés et enseignement

La liberté d'enseignement est le droit de fonder et diriger un établissement d'enseignement privé, d'y enseigner, ainsi que celui pour tout élève de fréquenter une telle institution. Cette liberté figure parmi celles que cette tradition juridique désigne sous le nom de libertés publiques.

Rappelons tout d'abord quelques principes du droit international et européen des droits de l'homme sur lesquels se fonde cette liberté. Nous présenterons ensuite quelques développements herméneutiques.

I. Reconnaissance de la liberté de l'enseignement

Contrairement, en effet, à ce que pouvait laisser espérer l'article 11 de la Déclaration de 1789, *« La libre communication des pensées et des opinions est un des droits les plus précieux de l'homme »*, très vite, les restrictions apparurent et le Directoire prépara l'établissement d'un monopole sous le Premier Empire.

1. Aspects politiques

Revendiqués par les catholiques et les libéraux, dès la Restauration et surtout sous la monarchie de juillet, la liberté de l'enseignement apparut, aux yeux de beaucoup, comme une liberté consacrée par les conservateurs et les monarchistes.

1°) Le débat en question : - Dissociée des autres grandes libertés, elle est perçue comme antirépublicaine. Les débats passionnés auxquels elle donna lieu, sous la IIIe République, opposèrent souvent « ***droite*** » et « ***gauche*** ». Ils sont assez spécifiquement français même si les arguments de fond présentent un intérêt beaucoup plus général. Certains de ceux utilisés à la fin du XIXe siècle l'ont été, à nouveau, en 1983 – 1984 et lors d'autres petites « guerres scolaires » que, la France a connu.

2°) Remarque : - Le contexte a encore beaucoup évolué depuis près d'un quart de siècle mais il n'est pas inutile d'en rappeler les principaux éléments, pour leur intérêt historique et théorique, mais aussi parce qu'ils restent sous-jacents à une réflexion sur l'école qui est loin d'être terminée.

2. Aspects philosophiques

L'éducation aux enfants appartient aux familles. Ce principe est largement admis dans nos sociétés, aussi bien par les croyants que par les non – croyants. Mais les conséquences que l'on en tire sont souvent différentes.

3. Aspects économiques

Les écoles privées sont, aussi, gênantes, répliquent les laïcs, car elles sont sources de gaspillage. Au lieu de concentrer les moyens financiers sur l'amélioration du service public, on les gaspille en entretenant une concurrence artificielle.

Les militants laïcs les plus extrémistes vont encore plus loin en reprenant une formule très usitée au début du siècle : « *Les fonds publics à l'école publique, les fonds privés à l'école privée* ». Ce slogan est jugé inacceptable par les partisans de l'école privée.

4. Aspects sociaux[13]

L'école privée a, en effet, souvent été accusé de favoriser la ségrégation sociale. On avait, en 1983, évoqué le fait qu'elle ne scolarisait que 2% d'enfants d'immigrés alors que l'enseignement public en accueillait 7%.

II. La liberté dans l'enseignement public

Aucun principe de liberté n'est directement posé par la Constitution. Le Préambule de 1946 se contente d'affirmer : « ***L'organisation de l'enseignement public, gratuit et laïque à tous les degrés est un devoir de l'Etat***. » C'est l'enseignement en général qui est obligatoire de 6 à 16 ans.

Un choix est laissé aux familles. Mais, puisque l'enseignement public doit accueillir tous les enfants pour lesquels on en fait la demande, il est gratuit et, depuis la fin du XIXe siècle, du primaire au secondaire, il est laïc. C'est ce caractère qui suscite un débat de fond. L'enseignement universitaire n'est pas soumis à cette obligation de laïcité mais son

---

([13]) **La Déclaration universelle des droits de l'homme : -** Elle proclame le droit à l'éducation pour tous et signale les droits des parents comme représentants de la personnalité de l'enfant : « *Toute personne a le droit à l'éducation. L'éducation doit viser au plein épanouissement de la personnalité humaine et au renforcement du respect des droits de l'homme et des libertés fondamentales […] Les parents ont, par priorité, le droit de choisir le genre d'éducation à donner à leurs enfants.* » (Article 26).

organisation a été profondément modifiée depuis la fin du XXe siècle.

1. Le personnel

En dépit de ses origines philosophiques, le mot de laïcité est en effet devenu assez vite, dans le vocabulaire juridique, synonyme de neutralité. L'enseignement public est et doit être neutre. La portée de cette règle est différente selon que l'on s'attache au personnel enseignant ou aux élèves.

2. Les élèves

Ils étaient appelés, quant à eux, à étudier dans un environnement neutre. Cette exigence a été en fait assez stricte jusqu'aux événements de mai – juin 1968. Toute manifestation, et souvent toute expression publique, politique ou religieuse étaient prohibées.

Même après l'abandon du port de l'uniforme ou de la blouse, une tenue « *correcte* » laissait peu de place à la diversité. Puis, progressivement, la mixité, la permissivité sociale, les incitations à l'« *ouverture* » de l'école ont modifié ce climat.

Chapitre IV
La liberté religieuse

Commençons d'abord par souligner que la liberté religieuse suppose, d'abord, que l'individu puisse faire en toute liberté le choix d'adhérer (ou non) à une religion déterminée, c'est-à-dire qu'il possède **la liberté de conscience.**

Cette dimension individuelle est considérée aujourd'hui comme essentielle. Elle ne saurait cependant faire oublier la dimension collective de la liberté.

I. Les relations : Eglises – Etat

D'après l'histoire de la liberté religieuse, nous pouvons dire que l'Antiquité païenne a largement mêlé ordre politique et ordre religieux en méconnaissant la liberté individuelle.

Le christianisme a apporté l'idée de séparation et les éléments qui servent de fondement à la liberté de conscience.

Quant à l'évolution des relations Eglises – Etat, « la France est une République indivisible, laïque, démocratique et sociale » est – il écrit à l'article premier de la Constitution de la Ve République.

1. Définition de la laïcité

Grâce à ces évolutions le mot « ***laïcité*** » a pris, en droit, un sens tout à fait différent de celui qu'il avait, et qu'il a en partie conservé, dans le domaine idéologique et philosophique. Les textes législatifs, les rapports parlementaires qui les commentent, les circulaires qui ont accompagné leur mise en application ont toujours entendu la laïcité en seul et même sens, celui de neutralité religieuse de l'Etat.

2. La diversité des relations dans le monde libéral

Dans le cadre de maintien de liens officiels, il est loin d'être exceptionnel notamment dans l'Europe protestante ou orthodoxe.

En effet, depuis le Concile Vatican II, l'Eglise catholique prône le respect de la liberté de conscience et de religion de chaque individu et se prononce en faveur d'une certaine séparation entre elle–même et les Etats.

C'est une séparation assortie de collaboration. C'est le schéma dominant dans l'Europe contemporaine. Le modèle allemand a fréquemment servi de référence. Dans un contexte marqué par, la coexistence de plusieurs religions., L'Etat avait été conduit à jouer un rôle d'arbitre.

II. Le régime juridique des cultes

Le principe constitutionnel de laïcité n'a guère d'incidences juridiques directes quant au statut des groupements religieux et à la pratique culturelle. Il doit être relayé par des lois ou des règlements comme il l'a régulièrement été dans les domaines les plus divers.

III. Le droit international ou national et la liberté de religion

1. Discussion :

Selon Jean Baubérot, la liberté de pensée donne à l'individu les outils intellectuels lui permettant de choisir et d'exercer avec discrimination et libre arbitre, ses choix de conscience, de religion, de conviction.

La liberté de conscience est considérée comme absolue dans les textes fondateurs, elle correspond à la vie intérieure de la personne. L'expression de cette liberté de conscience en liberté de conviction, qui englobe la liberté de religion et dans laquelle on peut inscrire également la liberté de croire ou ne pas croire (voir athéisme et agnosticisme), fait l'objet dans certains textes de restrictions dans son exercice.

2. La Convention européenne des droits de l'homme

Elle reprend dans son article 9 et en l'amendant, l'article 18 de la Déclaration Universelle :

« *Toute personne a droit à la liberté de pensée, de conscience et de religion ; ce droit implique la liberté de changer de religion ou de conviction, ainsi que la liberté de manifester sa religion ou sa conviction individuellement ou collectivement, en public ou en privé, par le culte, l'enseignement, les pratiques et l'accomplissement des rites.* » et précise également les restrictions liées à la liberté de conviction et de religion en amendant l'alinéa 3 de la déclaration de 1981 : « *La liberté de manifester sa religion ou ses convictions ne peut faire l'objet d'autres restrictions que celles qui, prévues par la loi, constituent des mesures nécessaires, dans une société démocratique, à la sécurité publique, à la protection de l'ordre, de la santé ou de la morale publiques, ou à la protection des droits et libertés d'autrui ».*

3. Le triomphe des droits de l'homme

En guise de conclusion le triomphe des droits de l'homme nous démontre depuis maintenant plus de deux siècles, la référence aux droits de l'homme a été déterminante, dans les démocraties libérales, pour inspirer et légitimer l'ordre politique, juridique et social. Elle donne parfois le sentiment de constituer une nouvelle idéologie qui viendrait compenser l'affaiblissement des croyances et de la morale.

Les droits de l'homme font l'objet d'un large consensus. Les très vifs débats qu'il ont alimentés sont oubliés et les voix discordantes se sont tues ou ne trouvent plus d'écho. Ils sont, en outre, mis en œuvre par des techniques juridiques de plus en plus nombreuses et sophistiquées.

Autant dire que les transformations sont considérables depuis le début de la Ve République. Il en résulte que la France a ratifié un certain nombre de traités internationaux variés relatifs aux droits de l'homme qui s'insèrent progressivement dans l'ordre juridique.

In fine, elle s'est engagée à mettre en œuvre la quasi – totalité des normes européennes dont elle a accepté les garanties institutionnelles et juridictionnelles. La constitution a été amendée à plusieurs reprises à cette fin, tout étant de plus en plus respectée dans l'ordre juridique interne.

Conclusion
L'avenir des droits de l'homme

En effet, les droits de l'homme en ce début du IIIe millénaire, se situent au cœur de l'ordre politique et juridique des Etats libéraux dont la France.
Leur promotion est l'une des justifications principales de la construction européenne et constitue l'une des finalités des Nations Unies. Dans cette approche, l'expression privilégié de la philosophie des droits de l'homme se situe à la fin du XVIIIe dans les déclarations de droits.

Les libertés publiques sont des libertés et garanties individuelles que le gouvernement ne peut supprimer, que ce soit par la loi ou une décision judiciaire, sans en assurer d'abord la sécurité juridique. L'importance première des droits de l'homme est indissociable de l'intérêt que l'on doit accorder au régime juridique des libertés publiques.

Le triomphe des droits de l'homme nous démontre depuis maintenant plus de deux siècles, la référence aux droits de l'homme a été déterminante, dans les démocraties libérales, pour inspirer et légitimer l'ordre politique, juridique et social. Elle donne parfois le sentiment de constituer une nouvelle idéologie qui viendrait compenser l'affaiblissement des croyances et de la morale.

In fine, Les droits de l'homme font l'objet d'un large consensus. Les très vifs débats qu'il ont alimentés sont oubliés et les voix discordantes se sont tues ou ne trouvent plus d'écho. Ils sont, en outre, mis en œuvre par des techniques juridiques de plus en plus nombreuses et sophistiquées. Autant dire que les transformations sont considérables depuis le début de la Ve République. Il en résulte que la France a ratifié un certain nombre de traités internationaux variés relatifs aux droits de l'homme qui s'insèrent progressivement dans l'ordre juridique.

Bibliographie

Ouvrage principal :

- J. MORANGE, *Manuel des droits de l'homme et libertés publiques*, Ed. PUF droit, 2007.

Ouvrage de Martin KUENGIENDA :

- *La protection de libertés publique :* Comparaison des systèmes français et anglon – saxons. Ed. L'Harmattan. Paris 2002.
- *République, religion et laïcité* : De l'humanisme aux droits de l'homme. Ed. L'Harmattan. Paris 2008.
- *Droit de l'informatique et de la communication.* Ed. Edilivre. Paris 2013.

Manuels généraux

- D. LOCHAK, *Les droits de l'homme,* La Découverte – Repères, 3e éd. 2009.
- Y. MADIOT, *Considérations sur les droits et devoirs de l'homme,* Bruylant, Bruxelles, 1998.
- J. MOURGEON, *Les droits de l'homme*, PUF, Que sais-je ? n° 1728, 8e éd., 2003.
- B. STIRN, *Les libertés en questions,* Montchrestien, coll. Clefs, 6è éd. 2006.
- M. VILLEY, *Le droit et les droits de l'homme*, PUF, Quadriges., 2008.
- P. WACHSMAN, *Les droits de l'homme,* Dalloz, coll. Connaissance du droit, 2008.

Table des matières

Avant – propos 7
Importance de la Charte 8

Première partie
La notion juridique de droits de l'homme 11
Chapitre I. La raison d'Etat en question 11
Chapitre II. Droits de l'homme en Afrique 17
Chapitre III. Droits de l'homme ou raison d'Etat ? . 23
Chapitre IV. Quelle démocratie pour l'Afrique........ 33

Deuxième partie
Droits de l'homme et libertés publique 49
Chapitre I. Discussion sur la notion juridique des droits de l'homme 49
Chapitre II. L'évolution des droits de l'homme 61
Chapitre III. L'Etat de droit et les droits de l'homme 71
Chapitre IV. Les sources juridiques des droits de l'homme 77
Chapitre V. Le titulaire des droits de l'homme 83

Troisième partie
Le rayonnement de modèle francophone des libertés publiques 91
Chapitre I. L'autonomie de l'individu 91
Chapitre II. La libre disposition de soi 105
Chapitre III. Libertés et enseignements 119
Chapitre IV. La liberté religieuse 123
Conclusion
L'avenir des droits de l'homme 129
Bibliographie 131
Table des matières 133

Publications de l'auteur

□ **En économie, droit et sciences politiques**

- Coopération - Monnaie et Stratégie du Développement ACP
Tome I : Coopération Financière et Technique ACP
Tome II : L'Euro : Une Politique Monétaire Commune
Tome III : La Stratégie du Développement ACP
Thèse de doctorat en Sciences politiques – Option : Développement économique – Juridique et social.
Ed. Presses Universitaires de Septentrion. France, Lille 1999.
- La Protection des Libertés Publiques :
Comparaison des systèmes Français et Anglo-saxons
Ed. L'Harmattan, France, Paris 2002.
- L'Afrique doit- elle avoir peur de la mondialisation ?
Approche géopolitique du développement durable. Ed. L'Harmattan, France, Paris 2005.
- Quelle démocratie pour l'Afrique ?
Pouvoir - Ethique et Gouvernance. Ed. L'Harmattan, France, Paris 2007.
- Crise de l'Etat en Afrique et modernité politique en question
Ed. L'Harmattan, France, Paris 2009.
- République - Religion et Laïcité :
De l'humanisme aux droits de l'homme. Ed. L'Harmattan, France, Paris 2010.
- **Droit économique du marché :** - Concurrence – Distribution et Consommation. Ed. Edilivre. France, Paris 2012.

- **Droit de l'entreprise pour manager.** Ed. Edilivre, France, Paris 2013
- **Droit de l'informatique et de la communication.** Ed. Edilivre. France, Paris 2014.
- **Les infractions spécifiques au droit des affaires dans la modernité.**

Tome I. La réforme des infractions spécifiques au droit pénal des affaires. Editions Universitaire Européennes. France 2018.

Tome II. Mondialisation et criminalité économique, une problématique de la mondialisation. Editions Universitaire Européennes. France 2018.

- **Droit et pratique des affaires internationales.** Editions Universitaire Européennes. France 2019
- **Droit international** – Manuel de collection de droit international – Editions Universitaire Européennes. France 2019.
- **Commerce international :** - Compétitivité et management interculturel des firmes multinationales dans les pays émergents. Editions Universitaire Européennes. France 2020. (Publié en 8 langues internationales).
- **Quel leadership pour la République Démocratique du Congo** ? Editions Universitaire Européennes. France 2020. (Publié en 8 langues internationales).

□ **Manuel des sociologies** (*Traduit en 9 langues internationales)*

1. Les pensées sociologiques.

Manuel d'initiation à la sociologie.Ed. Universitaires Européennes. France 2022

2. L'individu dans une société hypermoderne

Manuel d'initiation à la sociologie.Ed. Universitaires Européennes. France 2022

3. Le lien social et ses fragilités dans la société. Manuel d'initiation à la sociologie.Ed. Universitaires Européennes. France 2022

4. Le travail fait-il encore société ? Manuel d'initiation à la sociologie.Ed. Universitaires Européennes. France 2022

5. Les crises modernes du travail. Manuel d'initiation à la sociologie. Ed. Universitaires Européennes. France 2022

□ **Manuel de leadership et management** (*Traduit en 9 langues internationales)*

1. Leadership organisationnel
Ed. Universitaires Européennes. France 2023.

2. Théorie du leadership – Modèles classiques et contemporains
Ed. Universitaires Européennes. France 2023.

3. La gestion des ressources humaines
Ed. Universitaires Européennes. France 2023

4. Comportements organisationnels
Ed. Universitaires Européennes. France 2023

5. Leadership coaching : Une stratégie pour la réussite ?
Ed. Universitaires Européennes. France 2023

Structures éditoriales du groupe L'Harmattan

L'Harmattan Italie
Via degli Artisti, 15
10124 Torino
harmattan.italia@gmail.com

L'Harmattan Hongrie
Kossuth l. u. 14-16.
1053 Budapest
harmattan@harmattan.hu

L'Harmattan Sénégal
10 VDN SICAP AMITIE 3
BP 45034 Dakar-Fann
direction@senharmattan.com

L'Harmattan Cameroun
Tsinga/Derrière polyclinique FECAFOOT
BP 11486 Yaoundé
Jacques.koukam@harmattan.fr

L'Harmattan Burkina Faso
Villa 281, secteur 23 623, rue 14.32
Ouagadougou
zagbie@outlook.fr

L'Harmattan Guinée
Almamya, rue KA 028 OKB Agency
BP 3470 Conakry
harmattanguinee@yahoo.fr

L'Harmattan RDC
185, avenue Nyangwe
Commune de Lingwala – Kinshasa
matangilamusadila@yahoo.fr

L'Harmattan Congo
219, avenue Nelson Mandela
BP 2874 Brazzaville
deunovmikhael@gmail.com

L'Harmattan Mali
Immeuble Mgr Jean Marie Cissé
Aci Hamadallaye
BP 145 Bamako
syllaka@yahoo.fr

L'Harmattan Togo
Djidjole – Maison Amela
face EPP BATOME
02 BP 20680 Lomé
didieramela11@gmail.com

L'Harmattan Côte d'Ivoire
Résidence Karl – Cité des Arts
Abidjan-Cocody
03 BP 1588 Abidjan
harmattan.ivoire@gmail.com

L'Harmattan Bénin
Rue 604, (Immeuble à l'entrée
de la rue UCAO- Cite de Saint-Jean)
Cotonou
stepcorpus@gmail.com

Nos librairies en France

Librairie internationale
16, rue des Écoles
75005 Paris
librairie.internationale@harmattan.fr
01 40 46 79 11
www.librairieharmattan.com

Librairie des savoirs
21, rue des Écoles
75005 Paris
librairie.sh@harmattan.fr
01 46 34 13 71
www.librairieharmattansh.com

www.ingramcontent.com/pod-product-compliance
Lightning Source LLC
LaVergne TN
LVHW051352061026
849535LV00009B/3142
* 9 7 8 2 3 3 6 5 3 7 2 7 6 *